내 삶에 힘이 되는

인생 명언
365

내 삶에 힘이 되는

인생 명언 365

김우태 지음

다른
상상

'바위처럼 단단하게 살았으면 좋겠다'고 생각했던 적이 있습니다. 인간이기에 필연적으로 찾아오는 흔들림이 싫은 적이 많았습니다. '뚝심 있게, 단단하게 인생을 살 수 있는 방법은 없을까'라는 생각으로 독서와 사색을 했습니다. 책 속에서 길을 찾아보며 생각을 통해 그 길이 맞는지 점검해 보았습니다. 책을 통해 옛 선인들, 동시대를 살아가는 위인들의 목소리를 들을 수 있었습니다. 그들의 말 속에 힌트가 숨어 있을 것만 같았습니다.

지치고 불안한 마음에 용기가 필요할 때, 흔들리는 마음을 다잡고 싶을 때, 나의 하루를 더 의미 있게 만들고 싶을 때, 긍정으로 나를 채우고 싶을 때, 인생을 바꾸고 싶을 때 어떻게 해야 하는지 여러 명언을 통해 깨닫고 싶었습니다.

너무나 감사하게도 인생에 대한 깊은 통찰이 들어 있는 명언들이 많이 있었습니다. 빛나는 지혜들을 한 권에 담아 많은 이와 공유하고 싶다는 생각으로 이 책을 집필하게 됐

습니다. 삶에서 답이 필요할 때마다 꺼내볼 수 있는 내용
으로 채웠습니다.

　이 책은 처음부터 읽지 않아도 되도록 구성하였습니다.
보고 싶은 부분만 보고 읽어도 도움이 될 수 있게 만들었
습니다. 한 번 읽고 마는 책이 아닌 늘 곁에 두고 힘을 얻고
싶을 때 읽을 수 있는 책을 쓰고자 노력했습니다.
　이 책에 담긴 명언을 찬찬히 읽으며 명사들이 전해주는
진리의 말을 마음에 되새겨보고, 멋진 인생을 살았으면 좋
겠습니다. 어려움이 닥쳤을 때 굳건히 다시 일어설 수 있
는 용기와 희망을 얻어간다면 더없이 좋겠습니다. 감사합
니다.

김우태

차례

프롤로그 · 4

1장
지치고 불안한 마음에
용기를 불어넣는 말

우리는 모두 기적의 존재 · 15

후회 없는 삶을 살아갈 용기 · 19

불안을 다스리는 연습 · 23

인생의 무게에 짓눌릴 때 · 27

보폭을 5센티 넓혀보자 · 31

초조함이 일상을 흔들 때 · 34

천천히 걸어야만 보이는 것들 · 38

좋은 생각이 좋은 일을 끌어당긴다 · 42

마음을 보듬어주는 글쓰기의 힘 · 46

삶의 한 장면에서 살아갈 힘을 얻을 수 있다 · 49

2장
내 삶을 지탱하고 무기가 되는 말

나의 가치를 지키는 태도 · 55

칭찬은 반드시 돌아온다 · 59

나의 강점에 집중하자 · 62

인정과 존중을 먼저 건네자 · 65

감정을 잘 소화해내는 법 · 68

몸과 마음을 재충전하는 시간 · 72

일상에 시작버튼을 만들자 · 76

자연은 항상 깨달음을 준다 · 79

욕심이 아닌 가치로 채우는 삶 · 82

약자들을 위한 마음 · 85

3장
역경을 딛고 일어서게 하는 말

무너진 마음을 일으켜 세우는 길 · 91

행복은 비움으로 얻는다 · 95

지금에 충실하면 걱정은 사라진다 · 99

스트레스를 활력으로 삼는 방법 · 104

늘 잘해야 한다는 마음을 내려놓자 · 108

걸림돌이라는 생각, 디딤돌이라는 생각 · 111

조급함을 덜어내면 중요한 것이 남는다 · 115

기댈 수 있는 문장 하나를 고르자 · 118

어디에 가치를 두고 살 것인가 · 121

4장
고민으로 잠 못 드는 밤에 필요한 말

혼자인 시간이 나에게 알려주는 것들 · 127

마음이 마음대로 되지 않을 때 · 131

나쁜 기분을 이기는 행복 습관 · 135

자신감은 나에 대한 믿음에서 비롯한다 · 138

고민이 깊어질수록 실천하는 힘이 약해진다 · 142

마음이 무거울 땐 몸을 일으키자 · 145

나라는 존재를 느껴보는 시간 · 148

남에게 사랑받으려고 애쓰는 나에게 · 152

5장
오늘을 더 충실히 살게 하는 말

자유롭게 책 속을 거닐어보자 · 159

결과만 바라보면 마음이 공허해진다 · 162

할 수 있다는 것만 생각하자 · 165

습관이 인생을 만든다 · 168

도움을 주고받으면 더 멀리 갈 수 있다 · 172

'그럼에도 불구하고' 감사하는 것의 힘 · 175

만족의 선을 정하자 · 178

웃는 법을 잊어버린 삶이라면 · 182

나에게 맞는 행복을 찾자 · 185

작은 것에 기뻐하는 마음이 매일을 바꾼다 · 189

6장
마음의 지도를 넓혀주는 통찰의 말

지금 있는 곳에서 중심을 되찾는 법 · 195

비옥한 토양처럼 겸손한 사람 · 199

누군가에게 도움을 주는 기쁨 · 203

넉넉한 마음이 사람들을 연결해준다 · 206

더 많은 것을 사랑하며 살자 · 209

살면서 한 번은 전부를 걸어보자 · 212

주어진 하루에 집중하자 · 216

나와 내 삶을 빛나게 해주는 태도 · 220

7장
인생을 더 가치 있게 만들어주는 말

자책을 반등의 기회로 삼자 · 227

실수하지 않았다면 시도한 적이 없는 것이다 · 230

여행하듯 살아가는 마음가짐 · 233

무기력을 이기는 한 걸음 · 236

생각의 중심은 나에게 있다 · 239

음악에서 얻을 수 있는 것 · 242

주체적으로 살고 싶다면 나를 깊이 공부하자 · 244

나는 어떤 사람으로 기억되길 원하는가 · 247

슬럼프는 노력의 증표 · 251

오직 나로부터 시작하는 꿈 · 254

바로 지금 시작하면 된다 · 257

1장

지치고 불안한 마음에
용기를 불어넣는 말

우리는 모두
기적의 존재

태어날 때부터 열등한 인간도 없고,
태어날 때부터 우수하고 고상한 인간도 없다.
태어난 다음 당자가 어떤 행동을 하는가에 따라
만사가 결정되는 것이다.
그러니까 인간은 자기를 스스로
열등하게도 만들고 고상하게도 만든다.
_ 석가모니

열등감을 느끼는 것은 자신이 그것에 동의했기 때문이다.
_ 앨리너 루스벨트

열등감은 우월감이라는 동전의 뒷면이다.
_ 알프레드 아들러

어떤 사람이 열등감 때문에 주저하는 동안
다른 사람은 실수를 통해 뛰어난 능력을 발휘한다.
_ 헨리 링크

'어쩔 수 없지 뭐'라는 생각으로 자신을 바라보자.
바로 이것이 자신의 약점이나 콤플렉스에서 벗어날 수 있는
첫걸음이다.

_ 히로카네 켄시

열등감을 거만과 오만으로 포장하면 더욱더 깊어질 뿐이다.

_ 말콤 포브스

오랜 시간 열등감에 대해 연구한 심리학자 알프레드 아들러는, 너무 까다롭고 예민하거나 걸핏하면 화를 내는 것 모두 열등감이 다른 방식으로 표출된 것이라 말했습니다. 끊임없이 움직이거나 고집이 세고, 항상 뭔가를 하려고 안달하는 것도 열등감에 사로잡힌 증거라고 했습니다. 이런 사람 거의 대부분이 다른 사람들과 잘 지내지 못합니다. 게다가 자신이 우월하다는 것을 과시하기도 하는데, 남들보다 낫다고 인정받으려는 말과 행동 속에는 열등감이 숨어 있습니다.

우린 열등한 존재일까요? 우리는 이미 1등을 경험해본 존재들입니다. 태어났으니까요. 우리가 태어날 수 있는 확률이 얼마나 될까요? 부모님이 서로 만날 확률, 임신 가능한 기간 확률, 정자와 난자가 만날 확률, 뱃속에서 자라서 살아나올 확률 등등을 계산하면 어떤 학자는 400조분의 1이라고 합니다. 한마디로 말하자면 기적이지요. 우리는 이미 기적을 경험한 존재들입니다. 하지만 많은 사람이 열등감에 사로잡혀서 살아갑니다.

이렇게 생각해봅시다. 열등하다는 그 못된 생각 때문에 열등해진 것은 아닐까요? 사실은 열등하지 않은데 스스로를 그렇게 모는 것입니다. 남들이 봤을 때는 훌륭한데, 스스로의 기준이 너무 높아서일 수도 있습니다. 그저 80점만 맞아도 괜찮은데 자꾸 100점을 목표로 하고 열등감을 느끼는 것은 아닐까요? 아니면 맞지도 못할 101점을 목표로 잡고 100점을 맞았음에도 열등감을 느끼고 있는 것은 아닌지 점검해봐야겠습니다.

'세상에 버릴 사람은 없다'라는 말이 있습니다. 회사에서 업무적으로 정말 쓸모없던 사람도 어떤 과업을 맡겨주면 곧잘 해낼 때가 있습니다. 즉, 그간 맞지 않는 업무 때문에 능력도 낮게 평가되었던 것입니다. 자신에게 맞지 않는 옷을 입고 있었으니 얼마나 불편하고 힘들었을까요?

혹시 여러분도 지금 맞지 않는 옷을 입고 자신이 열등하다고 느끼고 있지는 않은지요? 다른 옷으로 갈아입어 보세요. 날개를 달 수 있습니다.

- 우린 이미 1등을 경험해봤다.
- 비교하지 않으면 열등하지도 않다.
- 나에게 맞지 않는 옷을 입은 건 아닌지 점검해보자.

후회 없는 삶을
살아갈 용기

우리가 바라는 꿈은
계속할 용기만 있다면 모두 이루어집니다.
_ 월트 디즈니

절대로 고개를 떨구지 말라.
고개를 꼿꼿이 치켜들고
두 눈으로 똑똑히 세상을 보라.
_ 헬렌 켈러

용기란 두려움에 대한 저항이고, 두려움의 정복이다.
두려움이 없는 게 아니다.
_ 마크 트웨인

운명보다 강한 것이 있다면
그것은 동요하지 않고 운명을 짊어질 수 있는 용기다.
_ 에마누엘 가이벨

용기와 예절은 아무리 많이 사용해도 바닥나지 않는다.

_ 발타자르 그라시안

용기 내서 살고 싶은 마음은 없습니다. 뭔가 대단한 일을 추구하기보다는 큰 욕심 없이 재미있고 행복하게 살고 싶습니다. 그런데 그거 아세요? 평범하게 사는 것도 용기가 필요하다는 사실을, 우리가 살아가는 것 자체가 용기가 있어야 가능한 일이라는 사실을요.

용기 없이 어떻게 진학을 하겠으며, 용기 없이 어떻게 취직을 하고 자립을 할까요? 용기 없이 결혼은 어떻게 하며, 용기 없이 아이는 어떻게 낳을 수 있나요? 사람들과 잘 지내려고 노력하고, 퇴근 후에 운동이나 공부를 하기도 합니다. 우리는 이미 매 순간 용기 있는 모습으로 살아가고 있는 것입니다.

나답게 살고자 하는 데는 용기가 필요합니다. 이순신 장군은 자기의 신념을 굽히지 않는 사람이었습니다. 이순신의 직속상관이 관아의 나무를 베어다가 거문고를 만들려고 할 때 그는 이를 받아들이지 않았습니다. 나라의 살림을 개인적 용도로 사용하는 것은 자신의 가치관과 맞지 않았기에 직속상관이더라도 맞서 싸웠던 것입니다. 올곧은 신념을 바탕으로 굳센 용기를 낸 것입니다.

호주의 작가 브로니 웨어는 말기 환자를 돌보는 일을 한 경험을 바탕으로, '죽음을 앞둔 사람들이 남긴 5가지 후회'라는 글을 발표했습니다. 사람들이 가장 많이 하는 후회는 '남들의 기대에 부응하기 위해 진정한 나로서 살지 못했다'는 것이었습니다. 나다운 삶을 살기 위해 용기 내지 않는다면 후회할 수밖에 없습니다.

많은 사람이 남들의 기대에 부응하며 삽니다. 남의 평가에 따라 기분이 좌우되기도 합니다. 늘 남의 시선을 신경 쓰며 삽니다. 아예 신경을 끄고 살기는 어렵겠지만 그럼에도 불구하고 용기를 낸다면 후회 없이 최선을 다한 삶을 살 수 있습니다.

- 우린 이미 용기 있게 살고 있다.

- 나답게 사는 데는 용기가 필요하다.

- 후회 없는 삶을 위해 용기를 내보자.

불안을 다스리는
연습

두려움은 환상이다.

_ 마이클 조던

자기가 두려워하는 것을 하라.
그러면 두려움은 사라진다.

_ 랄프 왈도 에머슨

겁을 먹는 것과 까닭 없는 불안은
확실히 구별되는 것이지만
대부분은 단지 상상을 중단하는 능력이
잠시 결여된 것뿐이다.

_ 어니스트 헤밍웨이

소심하게 굴기에는
인생이 너무 짧다.

_ 데일 카네기

우리는 미래에 대해 생각하기 때문이 아니라
미래를 자기 맘대로 조종하길 원하기 때문에 불안한 것이다.

_ 칼릴 지브란

대체로 불안이란 자신을 믿지 못하고
중심이 흔들리기 때문에 생기는 것이다.

_ 말콤 포브스

불안한 일이 있으면 불안해하는 것은 당연할 겁니다. 그런
데 아무런 일도 없는데 불안해한다면 우리의 일상에 좋지
않은 영향을 끼칩니다.

물론 예로부터 우리는 불안과 함께 살아왔습니다. 인류
가 살아남기 위해서는 약간의 불안감이 있는 게 더 유리했
습니다. 불안한 것을 보고도 태평했다면 아마 인류는 멸종
했을 겁니다. 불안을 극복하기 위해 움직이고 해결책을 마
련한 것입니다. 그렇다면 불안해하지 않고 살고 싶은 마음
은 욕심일까요?

불안이 오는 것을 막을 수는 없습니다. 감정이기 때문입니다. 불안이라는 감정에 휩쓸리지 않고 잘 흘려보내려면 어떻게 해야 할까요?

시인 류시화는 불안이 찾아올 때마다 만트라를 읊는다고 합니다. 만트라는 산스크리트어로 '마음 도구'라는 뜻입니다. 만은 마음, 트라는 도구입니다. 문장을 반복해서 읊으면 파동이 생겨 힘을 얻게 되는 원리로 염불이나 독송, 기도와 같은 것이라고 생각하면 됩니다. 류시화 시인은 불안이 밀려오거나 감정적이 되면, '숨!' 하고 만트라를 읊은 뒤 심호흡을 한다고 합니다. 그러면 감정이 다스려지고 마음이 안정을 찾아갑니다.

한창욱 작가는 불안을 극복하는 가장 좋은 방법으로 '또다른 나와 대화하기'를 권합니다. 불안은 밖이 아닌 안에서 시작되므로, 내면의 나와 이야기를 나눠보라는 것입니다. 답은 내 안에 있으니 나와의 대화를 통해 해결할 수 있습니다. 스스로 대화할 때는 마치 두 사람이 대화하듯이 소리를 내서 말을 주고받으며, 손으로는 내용을 기록해보라고 합니다. 그러다 보면 불안의 요인이 뭔지, 해결책이 뭔지 깨닫게 된다고 합니다.

- 불안은 누구에게나 있다.
- 불안을 잠재우는 나만의 문장을 만들어보자.
- 내 안의 나와 대화를 해본다.

인생의 무게에
짓눌릴 때

❧

여러분을 지배하는 것은
여러분이 두려워하는 것이 아닙니다.
바로 두려움 그 자체가 여러분을 지배하는 것입니다.
_ 오프라 윈프리

두려움을 이기려면 삶을 사람으로 가득 채워야 합니다.
현재와 미래가 두렵다면,
당장 다른 사람들에게 '사랑한다' 이야기해보세요.
_ 아서 브룩스

우리가 가장 두려워하는 것이
우리가 가장 필요로 하는 일이다.
_ 팀 페리스

실패에 대한 의식적 혹은 무의식적 두려움은
당신 인생의 모든 분야에서
꿈을 이루려는 당신의 능력을 방해한다.
_ 스티븐 스콧

용기가 생명을 위험한 지경으로 몰고 갈 수 있듯이,
공포심이 때로는 생명을 지켜줄 때도 있다.

_ 레오나르도 다빈치

고통을 두려워하는 사람은
벌써 두려움에 고통받고 있다.

_ 미셸 드 몽테뉴

모든 감정에서
두려움이 판단력을 가장 약화시킨다.

_ 장 레츠

나이가 들수록 인생이 갑자기 무섭다는 생각을 해본 적이
있습니다. '이제는 나만의 힘으로 인생을 살아가야 하는구
나. 부모님 슬하에서 벗어났구나. 오히려 내가 이제는 가
족을 거느리고 책임져야 할 일이 더 많아졌구나.' 문득 가
슴이 답답합니다. 세상사가 생각했던 것보다 더 각박할 때
는 인생의 무게에 눌려 두려움이 엄습합니다.

'인생은 고해다'라는 말이 있습니다. 또 '인생은 행복보다는 고통이 더 크다'라는 말도 있습니다. 그 무게감에 짓눌려 많은 사람이 힘겨워하는 것도 사실입니다. 인생은 이렇게 힘들기만 한 걸까요? 이렇게 힘든 인생을 어떻게 살아야 하는 걸까요?

《명상록》을 쓴 로마의 황제 마르쿠스 아우렐리우스(121~180)는 로마의 전성기 '팍스 로마나'를 이끌었던 5현제 가운데 하나였습니다. 그가 161년에 로마 황제에 즉위했을 때 로마의 상황은 좋지 않았습니다. 기아와 홍수, 주변국에서 온 반란군들에게 둘러싸여 있었습니다. 직접 전선으로 향한 그는 언제 죽을지 모른다는 두려움을 이겨내기 위해 《명상록》을 집필했습니다. '쓰기'의 힘으로 두려움을 이겨냈던 것입니다.

우리가 두려움을 느끼는 건 조상으로부터 내려온 유전일 가능성도 있습니다. 에모리 대학교의 신경 과학자들이 진행한 실험에 따르면, 두려움은 유전일 가능성이 크다고 합니다. 수컷 쥐 한 마리를 아세토페논에 노출시키고 그때마다 발에 충격을 준 다음, 그 수컷 쥐를 교배시켜 태어난

새끼 쥐에게 난생처음 아세토페논을 노출시키자, 새끼 쥐들은 불안과 두려움 증세를 보였습니다. 즉, 조상의 두려움이 유전되어 내려온 것입니다. 우리도 이럴지 모릅니다. 괜히 두려워하는 감정은 우리 조상들의 경험의 소산일 수 있는 것입니다. 그러니 우리 자신을 탓하지는 맙시다. '왜 나는 이렇게 겁쟁이인가'라고 자책하는 대신 두려움을 이겨내는 나만의 방법을 찾아봅시다.

- 누구나 두려움을 느낀다.
- 쓰기의 힘으로 두려움을 극복하자.
- 두려움은 내 잘못이 아니다.

보폭을
5센티 넓혀보자

나 자신에 대한 자신감을 잃으면,
온 세상이 나의 적이 됩니다.

_랄프 왈도 에머슨

못한다고 해서 주눅 들어 있으면 안 돼.
나도 96년 동안 못했던 일이 산더미야.
효도하기, 아이들 교육, 수많은 배움, 하지만 노력은 했어.
있는 힘껏.
있지, 그게 중요한 게 아닐까.
자, 일어나서 뭔가를 붙잡는 거야.
후회를 남기지 않기 위해.

_시바타 도요

램프를 만들어낸 것은 어둠이었고,
나침반을 만들어낸 것은 안개였고,
탐험하게 만든 것은 배고픔이었다.

그리고 일의 진정한 가치를 깨닫기 위해서는
의기소침한 날들이 필요했다.

_ 빅토르 위고

나를 파괴시키지 못하는 것은 무엇이든지
나를 강하게 만들 뿐이다.

_ 니체

인간사에는 안정된 것이 하나도 없음을 기억하라.
그러므로 성공에 들뜨거나 역경에 지나치게
의기소침하지 마라.

_ 소크라테스

보는 것만으로도 힘이 나는 사람들이 있습니다. 그들은 씩
씩합니다. 긍정적으로 생각하고 밝습니다. 이들은 주변 사
람들에게도 힘을 줍니다. 살아갈 용기와 희망을 전도합니
다. 그들과 이야기하다 보면 내가 전전긍긍하고 있던 문제
도 가볍게 생각해볼까 하는 마음이 듭니다. 그들처럼 밝고

씩씩하게 세상을 살아보면 어떨까요?

주눅 든 모습으로 살든지, 당당한 태도로 살든지 선택은 우리 자신에게 있습니다.

대화할 때는 말끝을 분명히, 할 말은 하는 겁니다. 말끝을 흐리면 믿음도 가지 않습니다. 의도적으로 말미는 더 힘을 주어 말하도록 연습해보세요. 말끝을 얼버무리지만 않아도 자신감 있고 씩씩해 보입니다.

씩씩함은 걸음걸이에서도 나옵니다. 조금 더 빨리 걸어 봅니다. 평상시 내미는 보폭보다 5센티를 더 내민다는 생각으로 걸어보세요. 힘이 붙으면서 씩씩한 걸음걸이가 됩니다. 그렇게 인생도 당당한 태도로 걸어 나가봅시다. 매사에 당당한 태도로 임하면 보는 이들도 그 태도를 배우고 싶어 합니다.

- 인생을 살아가는 태도는 내가 선택하는 것이다.
- 역경을 지나온 사람은 강하다.
- 보폭을 5센티만 더 넓혀보자.

초조함이
일상을 흔들 때

부자가 되기 위해
부와 직업을 갈망하지 마라.
대신 행복하기 위해 노력하고,
사랑하고 사랑받기 위해 노력하고,
무엇보다 마음의 평화와 평온을 얻기 위해 노력하라.

_ 오그 만디노

한 번에 뛰어 올라가고 싶지만 계단이 있어.
보폭이 큰 사람, 작은 사람,
서로 다르지만 초조해하지 않아도 돼.

_ 마루야마 류헤이

한 걸음 한 걸음
단계를 밟아 나아가라.
내가 아는 한 무언가 성취하는 데
그것 말고 다른 방법은 없다.

_ 마이클 조던

초조함은 실수를 늘리고,
후회는 새로운 후회를 만든다.

_ 괴테

땅이 단단히 얼어붙어도 때가 되면 싹이 오른다.
느리더라도 힘주어 뻗은 걸음이 발자국도 깊다.

_ 이순신

천년만년 살 수 있을 것처럼 행동하지 말라.
죽음이 다가온다.

_ 마르쿠스 아우렐리우스

애가 타서 마음이 조마조마한 상태를 '초조하다'라고 표현
합니다. 마음 편히 살고 싶은데, 삶이 우리를 초조하게 만
듭니다. 우리가 초조한 이유는 삶을 더 빠르게 살고 싶은
마음, 더 안정적으로 살고 싶은 마음이 앞서기 때문입니
다. 약간의 욕심을 버리면 초조한 마음을 극복할 수 있지
않을까 생각해봅니다.

초조함이 앞서면 슬럼프가 옵니다. 빨리 무언가를 이루고 싶다는 욕심이 앞서면 일이 진척되지 않음에 초조함을 느끼게 되고, 그게 길어지면 슬럼프로 발전합니다. 적당한 속도로 걸어가도 됩니다. 남이 뛴다고 해서 빨리 뛰어갈 필요도 없어요. 자신만의 속도로 성실히 살아가면 됩니다. 각자의 지문이 다르듯이 각자의 인생의 속도도 다르니까요.

몇 가지 방법이 있습니다. 자신이 좋아하는 일을 하면 됩니다. 창조적인 일이면 더욱 좋습니다. 뭔가를 소비하는 일이 아닌 뭔가를 만들어내는 일입니다. 털실로 옷을 만드는 일 그리고 그것을 누군가에게 선물하는 일, 맛있는 음식을 요리하는 일 그리고 그것을 사랑하는 사람에게 대접하는 일, 펜을 들어 편지를 쓰는 일. 이런 일들로 일상을 채우면 초조함을 이겨낼 수 있습니다. 나 자신을 행복하게 하는 일이라면 무엇이든 좋습니다. 그것이 다른 사람 또한 행복해지는 일이라면 자신에게 큰 힘이 됩니다.

안도현 시인은 시가 오지 않는다고 아등바등 시를 찾아나서지 말라고 했습니다. 이름을 얻겠다는 허영심을 버리고, 시가 실패할지도 모른다고 초조해하지 말고 빈둥거리며 놀아보라고 했습니다. 시를 꿈이라는 말로 바꿔보세요. 꿈이 없다고 아등바등 꿈을 찾아 나서지 말자. 이름을 얻겠다는 허영심을 버리고, 꿈이 실패할지도 모른다고 초조해하지도 말자. 이렇게 살면 될 것 같습니다.

• 초조함이 앞서면 슬럼프가 온다.
• 남과 비교하지 말고 나만의 속도로 살아가자.
• 좋아하는 일에 집중하면 초조함이 사라진다.

천천히 걸어야만
보이는 것들

자연은 서두르지 않는다.
하지만 모든 것을 다 완수한다.
_ 노자

삶을 즐겨라.
온전히 즐겨라.
삶에 유머를 더할수록 우리는 더 잘 산다.

_ 밀턴 에릭슨

젊음을 바쳐 얻어야 할 것은 없다.
젊음을 절대 뭔가에 바치지 마라.
젊은 날을 잃는 건 모든 날을 잃는 것이다.
진심으로 신신당부한다.
'느긋해져라.'

_ 벤 스틸러

만약 당신이 여유와 기다림을 안다면,
당신 내면에 있는 모든 질문에 답을 얻을 수 있을 것이다.

_ 윌리엄 버로스

삶에는 속도를 높이는 것보다
더 중요한 것들이 많다.

_ 마하트마 간디

한가함이란 아무것도 할 일이 없다는 게 아니라
무엇이든 할 수 있는 여유가 생겼다는 뜻이다.

_ 플로이드 델

한가로움은 행복의 원천이다.
한가로움은 자유를 안겨준다.
한가로움은 치유를 가능하게 해준다.

_ 장 루이 시아니

세상은 빠르게 돌아가고 있습니다. 그 속도가 점점 빨라집

니다. 최근 몇 년간의 발전 속도가 과거 1만 년 동안의 발

전 속도를 합친 것보다도 빠릅니다. 세상이 그렇게 흘러가니 그 속에 있는 우리는 그게 당연한 것처럼 느껴집니다. 하지만 인류의 역사로 봤을 때 지금이 가장 적응하기 힘든 시기가 아닐까 싶습니다. 모든 것이 따라잡기 힘들 정도로 빠르니까요. 그래서 멀리, 넓게 볼 필요가 있습니다. 속에 갇혀서는 중요한 것이 보이지 않으니까요.

회사에서 서둘러서 업무를 처리할 때가 있습니다. 그런데 시간이 흐르면 그 업무가 하지 않아도 될 일이었던 경우가 많습니다. 세상사도 마찬가지입니다. 미루는 것도 좋은 일은 아니지만, 급하게 하는 일도 바람직하지는 않습니다. 조금 느긋하게 살아도 됩니다.

운전할 때 앞차 꽁무니에 딱 붙어서 차를 몰았습니다. 뒷차가 쫓아오는 것을 경계하며 안전속도를 넘나들었습니다. 앞차가 느리면 느리다며 불평하고, 옆 차선으로 바꿔 타며 앞지르고, 속도 감시 카메라에 적발되지 않기 위해 내비게이션에 신경을 곤두세우며 운전을 했습니다. 그렇게 한두 시간 운전을 하고 나면 피로감이 몰려옵니다. 규정속도보다 조금 더 느리게 가면 어떨까요? 그러자 그동안 운전하면서 보이지 않았던 것들이 보였습니다. 높은 산, 맑은 하늘이 눈에 들어옵니다. 마음이 편안해집니다. 도착 시간을 비교해보니 5분 차이입니다. 그 5분 빨리 가려고 그렇게 안달하며 운전했던 것입니다.

어른들은 우리 보고 웬만하면 '천천히 하라'고 합니다. 밥을 꼭꼭 씹어 천천히 먹거라. 그래야 소화가 잘 된다. 운전할 때도 천천히 하거라. 그래야 큰 사고가 안 난다. 남과 신뢰를 쌓을 때도 천천히 해야지 두텁게 오래가는 관계가 된다, 그렇지 않으면 금방 무너진다. 뛰지 마라, 천천히 걸어야 넘어지지 않는다. 술도 천천히 마셔라. 급하게 마시면 취한다. 천천히 느긋하게 살아봅시다.

- 세상을 멀리, 넓게 보자.
- 천천히 하면 안 보이던 것들이 보이기 시작한다.
- 조금 느긋하면 넘어지지 않는다.

좋은 생각이
좋은 일을 끌어당긴다

우주의 기운은 자력과 같아서
우리가 일단 어두운 마음을 지니고 있으면
어두운 기운이 몰려온다.
그러나 밝은 마음을 지니고
긍정적이고 낙관적으로 살면
밝은 기운이 밀려와 우리의 삶을 밝게 비춘다.

_ 법정

삶은 모험이다!
살 수 있는 동안 열심히 살아라.
오늘은 결코 다시 오지 않으며 내일은 오직 한 번 올 뿐이고
어제는 영원히 가버린 상태다.
현명하게 선택하고 당신이 만들어낸 모험을 만끽하라.

_ 앤드류 카네기

긍정적인 생각과 합쳐진 긍정적인 행동은 성공을 불러온다.

_ 시브 카에라

지속적인 긍정적 사고는 능력을 배로 높인다.

_ 콜린 파월

이 세상에서는 주로 낙관주의자들이 승리하는데,
그것은 그들이 항상 옳기 때문이 아니라
긍정적으로 사고하기 때문이다.
일이 잘못돼도 그들은 긍정적이다.
이러한 태도가 성취, 향상, 성공으로 연결된다.

_ 데이비드 랜즈

우리가 사는 오늘은 유일한 오늘입니다. 어제도, 내일도
마찬가지입니다. 이런 소중한 시간을 걱정하는 데 쓴다는
건 아까운 일입니다. 그 시간을 긍정으로 채워 넣으면 우
리의 삶은 놀랍도록 달라질 것입니다.

걱정 대신 긍정적으로 살아보는 건 어떨까요? 걱정의 자
리에 긍정을 놓아봅시다. 걱정의 시간을 긍정의 시간으로
바꿔봅시다. 걱정해서 될 일이 아니라면, 긍정적으로 생각

해서 일을 되게 만들면 됩니다. 긍정의 힘이 얼마나 강력한지, 어떻게 작동되는지 사례를 통해 알아볼까요?

일본의 축구선수 오노 신지는 늘 긍정적인 사람으로, 어떤 상황이든 기분 좋은 태도를 유지한다고 합니다. 그런 태도가 같은 팀원들에게도 좋은 영향을 줘서 모두 한마음 한뜻으로 승리를 믿었습니다. 그리고 실제로 당시 월드 유스(현재 FIFA U-20 월드컵)에서 결승까지 올라갔습니다. 이렇듯 긍정적인 태도는 나뿐만 아니라 남에게도 좋은 영향을 미칩니다.

일본의 스포츠의학 전문의 하루야마 시게오는 이렇게 말합니다.

"무엇이든 긍정적인 발상을 하는 습관을 가진 사람은 면역성이 강해 좀처럼 병에 걸리지 않는다."

40년간 예방의학과 면역을 연구한 이시형 박사도 그의 저서 《이시형 박사의 면역 혁명》에서 이렇게 말했습니다.

"면역력은 대체로 장에서 70%, 뇌에서 30%가 만들어지는데, 잘 웃고 즐거운 마음을 가지며 긍정적, 적극적 사고를 하면 면역력이 좋아진다."

긍정으로 건강까지 챙길 수 있는 것입니다.

- 걱정해서 될 일이 아니라면, 긍정적인 생각을 해보자.
- 긍정은 나뿐만 아니라 남도 도울 수 있다.
- 긍정의 힘으로 건강도 챙기고 성공도 할 수 있다.

마음을 보듬어주는
글쓰기의 힘

결국 글쓰기의 핵심은
당신 자신의 삶을 풍성하게 만드는 것이다.
자극하고, 발전시키고,
극복하게 만드는 것, 행복해지는 것.
이것이 궁극적인 목적이다.
_ 스티븐 킹

글쓰기는 내 안의 모든 것을 꺼내볼 수 있는 도구이다.
_ 전주양

글을 쓸 때에는 모든 것을 내려놓아라.
당신의 내면을 표현하기 위해
단순한 단어들로 단순하게 시작하려고 노력하라.
_ 나탈리 골드버그

매일매일 조금씩 써보라. 희망도, 절망도 느끼지 말고.
_ 카렌 블릭센

글쓰기에는 자신의 마음을 보듬어주는 힘이 숨어 있습니다. 저널테라피(Journal therapy)라는 용어가 있습니다. 자신의 마음을 살펴서 쓴 글로 스스로 치유되는 기법입니다. 누군가에 하소연하고 싶을 때, 울고 싶을 때, 욕하고 싶을 때, 기쁠 때, 행복할 때의 감정을 살펴서 글로 써보세요. 슬픔은 해소되고, 기쁨은 두 배가 될 것입니다. 불안한 마음을 가라앉혀 주는 효과도 있고, 걱정거리도 다 날려버릴 수 있습니다.

일기를 쓰듯이 마음껏 쓰시면 됩니다. 누군가에게 보여주는 글이 아닌 자신을 위한 글이니까요. 남에게 보여주는 글은 아무래도 의식하게 돼서 솔직하게 모든 감정을 담기가 어렵습니다. 온전히 자신만을 보듬어주는 것처럼 하시면 됩니다.

마음을 차분히 가라앉히고 싶다면 글이 도움이 될 것입니다. 육필도 좋고, 키보드로 쳐도 좋습니다. 마치 작가가 된 기분으로 죄다 쏟아 놓아보세요. 기분이 가라앉을 때까지 마음이 후련해질 때까지 계속 쓰는 겁니다. 그리고 그런 감정을 쏟아낸 종이를 박박 찢어서 쓰레기통으로 날려보내세요. 산뜻한 기분이 들 거예요.

- 글쓰기로 자신을 보듬어주자.
- 종이 위에 나의 감정을 전부 쏟아 넣자.
- 그리고 쓰레기통으로 보내버리자.

삶의 한 장면에서
살아갈 힘을 얻을 수 있다

과거에 대한 기억을 즐길 수 있다면
인생을 두 번 사는 것이다.

_마르티얼

내가 사진을 좋아하는 이유는 영원히 지나간 순간을,
다시 올 수 없는 순간을 남겨주기 때문이다.

_칼 라거펠트

고생했던 추억도 지나고 보니 상쾌하다.

_에우리피데스

추억이란 일종의 만남이다.

_칼릴 지브란

견디기 힘들었던 것이 달콤한 추억이 된다.

_세네카

삶이 고단하고 마음이 심란할 때 우리에게 위안을 주는 것이 있습니다. 어릴 때 가족과 함께 바닷가에 놀러가서 찍은 사진, 학교 졸업사진, 그 속에서 환히 웃고 있는 친구의 얼굴, 엄마와 함께 나누는 옛 추억들입니다.

여행 사진을 보면 여행을 떠나기 전의 설렘, 그곳에서 맛보았던 음식들, 만났던 사람들, 관광지를 돌아보며 느낀 감상이 새록새록 떠오릅니다. 여행을 통해 반복되던 일상에서 벗어나 새로운 것들을 접했던 경험을 떠올리며 머릿속을 환기할 수 있습니다.

추억하는 것만으로도 미소가 절로 나옵니다. 기분이 좋아집니다. 그때로 돌아간 것 같은 착각이 듭니다. 그때 그 좋았던 기분을 그대로 느낄 수 있습니다.

현실이 고달프고, 미래에 대한 두려움이 생길 때마다 사진첩을 꺼내 바라보세요. 그리운 엄마 얼굴, 아버지 얼굴, 친구들의 얼굴을 보면서 옛 생각에 잠겨보세요. 삶의 한 장면에서 살아갈 힘을 얻을 수 있습니다. 잠시 쉬면서 과거로 여행을 떠나보세요. 충만한 마음으로 다시 앞으로 걸어 나가는 겁니다.

- 심란하고 힘들 때 사진첩을 꺼내보자.
- 추억이 우리를 회복시킨다.
- 힘을 얻어 다시금 활기찬 내일을 향해 걸어가자.

2장

내 삶을 지탱하고
무기가 되는 말

나의 가치를
지키는 태도

나는 성공의 열쇠는 모른다.
하지만 실패의 열쇠는 모두의 비위를 맞추는 것이다.
_ 빌 코스비

나의 가치는 다른 사람에 의해 검증될 수 없다.
내가 소중한 이유는 스스로 그렇게 믿기 때문이다.
다른 사람으로부터 나의 가치를 구하려든다면,
그것은 다른 사람의 가치일 뿐이다.
_ 웨인 다이어

의견을 말함에 있어서 이상하다고 두려워하지 마라.
지금 인정받고 있는 대부분의 것은
이전에 혹평을 받았던 것들이다.
_ 버트런드 러셀

다른 사람들의 생각으로
당신이 어떤 사람인지 결정되도록
내버려두지 말라.

_ 데니스 로드먼

당신의 가치를 다른 사람들이 결정하게 한다면,
당신은 이미 그 가치를 잃은 것이다.
왜냐하면 그 어느 누구도
그들보다 가치 있는 사람을
원하지 않기 때문이다.

_ 피터 브렛

우리는 다른 사람과 같아지기 위해
인생의 4분의 3을 빼앗기고 있다.

_ 쇼펜하우어

여러분은 다른 사람에 대해 얼마나 신경을 쓰시나요? 어떤
행동을 하기 전에 누군가를 신경 쓴다는 것은 상대를 배려
하는 마음이 있다는 것입니다. 예의 있고 사려 깊은 자세

이지요. 그런데 그것이 너무 과하다면 문제가 됩니다. 자신을 잃을 정도의 과도한 배려는 바람직하지 않습니다. 나 자신으로 살지 못하는 것이며, 남에 의해 살게 되는 행동입니다.

그래서 적당한 중간지점을 찾는 것이 필요합니다. 눈치 없이 막무가내로 사는 것도, 과도하게 눈치를 보며 사는 것도 지양해야 할 태도죠.

인간관계를 맺다 보면 나의 의사를 제대로 표현해야 할 일이 생깁니다. 어떻게 하면 술술 말할 수 있을까요? 나의 감정이나 욕구를 표현할 때 상대가 힘들어 할지도 모릅니다. 그게 싫어서 눈치 보면서 좋은 말만 하고 싶습니다. 그러나 장기적인 관점에서 보면 표현하는 게 옳습니다. 불편은 잠시뿐입니다. 오히려 말 못 하고 있다가 엉뚱한 곳에서 터지기 마련이죠. 할 말을 참으면 나중에 더 큰 폭탄이 됩니다.

내 방식대로 살면 다른 사람들도 그 방식을 존중해줍니다. 남의 눈치를 보며 내 것을 자꾸 양보하면 그게 당연한 줄로 여깁니다. 더 치고 들어옵니다. 그리고 우리는 상처를 받게 되죠. 남을 배려하되 나의 가치를 지킬 수 있는 선을 찾아야 합니다. 그러려면 나에게 가장 중요한 것이 무엇인지, 어떤 사람으로 살아가고 싶은지 마음속에 중심을 제대로 세워놓아야 합니다. 자신도 모르게 남에게 중요한 것을 먼저 생각하는 습관이 있었다면 이제는 나에게 중요한 것부터 생각해봅시다.

- 나를 잃을 정도로 과도하게 상대를 배려하는 것은 바람직하지 않다.
- 어디에 가치를 두고 살 것인지 생각해보자.
- 나 자신으로 살자.

칭찬은
반드시 돌아온다

칭찬을 아끼지 말라.
아낌없이 박수를 쳐주어라.
박수는 남과 나에게 모두 힘을 준다.

_김근평

칭찬은 고래도 춤추게 한다.

_켄 블랜차드

높은 것만을 칭찬하지 말라.
평야도 언덕과 마찬가지로 영구적이다.

_베일리

지금부터라도 칭찬을 해주는 사람이 돼라.
그러면 그만큼 당신의 잠재력이 계발될 것이다.

_데일 카네기

사람을 찬미할 수 있는 사람이야말로
참답게 명예스런 사람이다.

_탈무드

대부분의 사람은 칭찬에 인색합니다. 어쩌면 칭찬하는 방법을 몰라서 그런 걸지도 모릅니다. 아니면 질투심에 휩싸여 박수쳐주지 못하는 옹졸함이 있을 수 있죠. 남을 칭찬할 수 있다는 것은 나에 대한 자부심도 덩달아 올리는 것입니다.

내가 못났다고 생각될 때 우리는 칭찬에 인색해집니다. 스스로에 대해 만족감이 있으면 칭찬에도 인색하지 않습니다. 그러나 꼭 잘났어야 남을 칭찬할 수 있는 것은 아닙니다. 남과 비교하는 마음을 지우고, 있는 그대로를 칭찬해주세요.

남을 향한 박수는 자신에게도 돌아옵니다. 박수에는 힘이 있어요. 남을 향한 박수 소리는 자신에게도 돌아옵니다. 나에게 힘을 줍니다. 상대에게 꽃을 주면 내 손에는 꽃의 향기가 남아 있듯이 말이죠.

상대방을 기쁘게 하려면 칭찬을 해주세요. 칭찬은 기분을 좋게 만듭니다. 나의 칭찬으로 기뻐하는 상대를 보게 되면, 나 또한 기분이 좋아집니다. 관계를 부드럽게 하는 윤활유로는 칭찬이 좋습니다. 세상 누구에게나 한 가지 칭찬거리는 있으니 찾아보세요. 그리고 박수쳐주세요.

- 남을 칭찬하는 것은 곧 나를 칭찬하는 것이다.
- 칭찬은 관계에 특효약이다.
- 남을 향한 박수 소리로 나도 고양된다.

나의 강점에
집중하자

질투에는 사랑보다는 자존심이 훨씬 많이 들어 있다.

_라 로슈코프

나무는 제 손으로 가지를 꺾지 않는다.
그러나 사람은 제 미움으로 가까운 이들을 베어버린다.

_톨스토이

인간의 모든 성질 중에서 질투는 가장 추악한 것,
허영심은 가장 위험한 것이다.

_힐티

마음에 질투를 품지 않도록 조심하라.
왜냐하면 그것은 어떤 것보다 더 빨리
당신을 죽이는 것이기 때문이다.
무엇이건 간에 질투하지 말라.
왜냐하면 질투는 당신이 아름다운 생활을 하지 못하게 막는
것이기 때문이다.

_엘리자 록키츠

질투만큼 행복을 해치는 감정은 없다.
_데카르트

시기와 질투는 항상 타인을 쏘려다가 자신을 쏜다.
_맹자

나보다 칭찬받고 인정받는, 잘나가는 친구를 보면 질투가 납니다. 화도 나고요. 내가 볼 땐 별것 아닌 것 같은데 잘 되니 질투가 나는 겁니다.

질투라는 감정을 마구 부려서 일이 해결되거나 기분이 좋아지면 얼마나 좋을까요? 하지만 그런 일은 벌어지지 않습니다. 오히려 나 자신이 피폐해지고, 불행해지고, 부정적인 기운에 휩싸여버립니다. 인생이 송두리째 슬퍼지고 지겨워집니다. 질투를 해결할 수 있는 방법은 뭘까요?

심리 카운슬러 오시마 노부요리는 그의 저서 《잘해주고 욕먹는 당신에게》에서 질투의 감정이 들면 발바닥으로 이 겨내라고 말했습니다. 질투의 감정을 머리에서부터 발끝으로 내려보낸다고 생각하고, 그 감각에 집중하여 해소시키는 것입니다.

화가이자 작가인 지그리트 엥겔브레히트는 남들과 비교하는 것을 멈추라고 합니다. 비교하지 않으면 질투심 자체가 생기지 않는다는 거죠. 정신과 전문의 유은정 원장은《혼자 잘해주고 상처받지 마라》에서 만약 타인과 비교가 된다면 내 강점에 집중하라고 합니다. 내 강점을 키움으로써 비교 대상에 대한 질투나 시기를 이겨낼 수 있다고 합니다.

- 질투는 나를 피폐하게 만든다.
- 비교하는 마음이 질투를 낳는다.
- 나의 강점에 집중한다.

인정과 존중을
먼저 건네자

남들이 나와 같지 않다는
점을 인정하라.

_ 존 그레이

다름을 인정하면 된다.
'그 사람 입장에서는 그럴 수도 있겠구나.'
이렇게 생각하면 스트레스가 일어나지 않는다.
그런데 자기를 중심으로 생각하기 때문에 화가 나는 것이다.

_ 법륜

남을 너그럽게 받아들이는 사람은
항상 사람의 마음을 얻는다.

_ 세종대왕

사람은 서로의 입장과 처지를 바꿔 생각해야 한다.

_ 공자

남을 위해 봉사하는 것으로써 자기 역량을 알 수 있다.

_ 헨리크 입센

삶에서 일어나는 갈등의 원인을 살펴보면, 자기 주관을 꺾지 못해서 그런 경우가 많습니다. 남을 나에게 맞추려고 하기에 생기는 것입니다. 화해와 번영의 삶을 살려면 사람마다 생각이 다르다는 것을 인정하는 태도를 갖추어야 합니다.

이것은 무관심과는 다릅니다. 무관심은 아예 신경을 꺼버리는 것이죠. 다름을 인정한다는 것은 무관심이 아닙니다. 관심을 가지되, 다름을 존중해주는 배려입니다. 남을 향한 배려가 하나둘씩 쌓이면 선순환을 이루어 내게도 돌아옵니다.

미움의 감정도 결국 남을 인정하고 존중하지 못하는 태도에서부터 시작됩니다. 나와 다르다는 것을 인정하지 못하기 때문에 미운 감정이 생기는 것입니다. 그 미운 감정을 없애려 우리는 무관심을 선택하곤 합니다만, 아무리 사랑하는 사람도 내 마음대로 할 수 없습니다. 아무리 사랑해도 내 마음에 쏙 들지는 않습니다. 그럴 때마다 속상해하고 갈등을 빚는다면 누구와도 잘 지낼 수 없습니다. 인정해주세요. 있는 그대로 존중해주세요. 그러면 그 존중이 돌고 돌아 당신도 존중받을 수 있습니다.

- 남을 인정해주자.
- 그 어떤 누구도 내 마음대로 되지 않는다.
- 내가 먼저 존중한다면 나도 존중받는다.

감정을
잘 소화해내는 법

사람은 누구나 화를 낼 수 있다.
그러나 올바른 목적으로,
올바른 방법으로 화를 내는 것은
누구나 해낼 수 있는 것이 아니다.
그것은 결코 쉽지 않기 때문이다.

_ 아리스토텔레스

다른 사람들을
내 뜻대로 할 수 없다고 해서 노여워하지 마라.
당신 자신도 바라는 대로 만들 수 없다.

_ 토마스 아 켐피스

화는 모든 불행의 근원이다.
화를 안고 사는 것은 독을 안고 사는 것과 같다.

_ 작자 미상

화가 날 때는 말도 행동도 모두 자제해야 한다.

_ 피타고라스

분노와 어리석은 행동은
나란히 길을 걷는다.
그리고 후회가 그 둘의 발굽을 문다.

_ 벤저민 프랭클린

분노에 의해서 자기 자신을 잃지 않으려면,
다른 사람이 화를 내는 모습을 조용히 관찰해보는 것이 좋다.

_ 세네카

여러분은 화가 날 때 어떻게 하시나요? 무작정 화를 내거
나, 무작정 화를 참거나, 우선 감정을 가라앉힌 다음에 대
화로 풀거나 여러 가지 방법이 있을 것입니다. 화가 났을
때 문제는 그것을 잘 소화해내는 방법을 몰라서 생깁니다.
무작정 화를 냈다간 일도 관계도 모두 그르치는 손해를 볼
수 있습니다. 참기만 한다고 해서 풀리는 것도 아닙니다.

화는 그냥 숨겨두면 안 됩니다. 무시해서도 안 되고요. 찬찬히 잘 살펴보고 적극적으로 풀어야 합니다.

화는 일종의 숙제입니다. 꼭 해결해주어야 내 마음에 평안이 찾아옵니다. 앞으로는 적극적으로 풀어보세요. 화가 나면 '아, 또 숙제가 하나 생겼구나, 한번 열심히 풀어보자'라고 생각해보는 겁니다.

고대 로마의 철학자 겸 정치가인 세네카에게 그의 동생 노바투스가 어떻게 화를 다스려야 되는지 물어봤습니다. 세네카는 화가 날 때는 거울을 보라고 했습니다. 화는 가장 아름다운 얼굴일지라도 추하게 만들고, 가장 평온한 것을 거칠게 만든다고 했죠. 화날 때의 겉모습이 그러한데 마음속 형상은 얼마나 끔찍하겠냐는 거였어요. 그 모습을 상상하는 것만으로도 화를 누그러뜨릴 수 있다고 조언해주었습니다.

적극적으로 화를 풀어봅시다. 일단 화가 나는 이유에 대해서 하나씩 적어봅니다. 객관화시키는 거예요. 일단 분이 풀릴 때까지 써봅니다. 어느 정도 분이 풀렸으면 어떻게 했으면 좋을까, 그 해결책을 적어보는 겁니다. 이유 옆에 또 그만큼의 해결책을 적어봅니다. 그러면 공통적으로 나오는 말이 있습니다. 그것이 해결의 실마리가 되어줄 것입니다. 아무리 해도 안 되면 가까운 사람에게 도움을 청해 보는 것도 좋습니다.

- 화를 잘 소화시키는 나만의 방법을 찾자.
- 화가 나면 적극적으로 해결하자.
- 화를 올바르게 내자.

몸과 마음을
재충전하는 시간

내가 80세가 되기까지
원기 왕성하게 하루도 쉬지 않고 연구를
계속할 수 있는 비결이란 다른 것이 아니다.
나는 쓸데없는 일로 나를 피로하게 만들지 않았다.
앉을 수 있는 곳에서는 앉고,
누울 수 있는 곳에서는 누워서 쉬었다.
쓸데없이 몸을 일으키거나 서 있지 않았다.

_ 에디슨

적당하게 일하고 좀 더 느긋하게 쉬어라.
현명한 사람은 느긋하게 인생을 보냄으로써
진정한 행복을 누리는 것이다.

_ 발타자르 그라시안

근로는 매일을 풍부하게 하며
휴식은 피곤한 나날을 더욱 가치 있게 한다.
뿐만 아니라 근로 뒤의 휴식은
높은 환희와 감사를 불러일으킨다.

_ 보들레르

낮의 일은 낮의 일일 뿐, 그 이상도 이하도 아니다.
그것을 지키는 사람은 그 사람이 농부이건 화가이건
낮의 양식과 밤의 휴식 그리고 여가를 필요로 한다.

_ 조지 버나드쇼

노동 뒤의 휴식이야말로 가장 편안하고 순수한 기쁨이다.

_ 세네카

대문자만으로 인쇄된 책은 읽기 힘들다.

_ 장 파울

얼마 전 벨기에는 주 4일 근무를 공식화했다고 합니다. 시
간이 흐를수록 점점 노동의 시간이 줄어들고 있습니다. 과

거 20만 년 전에는 하루 종일 먹을 것을 찾아다니며 일을 했지만, 그에 비해 지금은 가히 혁신적으로 일하는 시간이 줄었습니다. 과학과 기술 등 문명의 발전으로 가능해진 겁니다.

하지만 이런 추세에도 편승하지 못하고 일 중독에 처해 있는 사람들이 많습니다. 쉬어도 가만히 있지 못하거나 일 생각 때문에 머릿속이 복잡합니다. 몸은 한적한 바닷가에 있어도 머리는 일에 매몰되어 있곤 합니다. 한마디로 제대로 쉬지 못하는 것이지요.

이러면 아무리 쉬어도 피곤합니다. 그 이유는 뇌가 휴식을 취하지 못하기 때문입니다. 뇌에 휴식을 주기 위해서는 의도적으로 긴장을 풀고 눈을 쉬게 해야 합니다. 눈은 엄청난 양의 정보를 전달해 뇌에 부담을 줍니다. 따라서 눈을 감고 정보를 차단하여 뇌를 쉬게 해주는 게 좋습니다.

휴식을 통해 창의적인 아이디어를 얻을 수 있습니다. 몰입한다고 아이디어가 나오지 않거든요. 쉬다가 어느 순간 아이디어가 톡 하고 나옵니다. 에디슨도 그랬습니다. 전구의 필라멘트를 오래 지속시킬 방법을 찾으려고 밤낮으로 골몰하던 그는 개기일식을 보기 위해 떠난 여행길에서 그

실마리를 찾았습니다. 낚시를 하던 중에 본 대나무가 그것이었습니다. 그리고 그는 탄화된 대나무 필라멘트를 만들어서 1200시간 동안 불을 밝히는 전구를 만들었습니다.

- 일에 매몰돼 있지는 않은지 점검하자.
- 뇌가 쉬지 못하면 아무리 쉬어도 피곤하다.
- 몸과 마음을 재충전해야 아이디어가 샘솟는다.

일상에
시작버튼을 만들자

사람은 성장하고 있거나 썩어가고 있거나
둘 중 하나다.
중간은 없다.
가만히 서 있다면 썩어가고 있는 것이다.

_앨런 아킨

곧 죽을지도 모른다는 사실을 기억하는 것은
인생에서 중요한 결정을 내릴 때
도움을 주는 가장 유용한 방법이다.

_스티브 잡스

몇 번 실패했는지는 중요하지 않다.
한 번만 제대로 해내면 된다.

_마크 큐번

세상이 너를 버렸다고 생각하지 마라.
세상은 너를 가진 적이 없다.

_에르빈 롬멜

나는 내가 더 노력할수록
운이 좋아진다는 것을 발견했다.

_토머스 제퍼슨

우리가 쉽게 무기력에 빠지는 이유는 뭘까요? 어려서부터 시키는 대로 하는 말 잘 듣는 아이로 자라온 탓 아닐까요? 자신이 주도해서 무엇인가를 결정한 적이 없었던 것입니다. 늘 수동적인 자세로 잘 보이려 애썼을 뿐입니다. 본인이 주도적으로 결정하지 못하는 결정 장애까지 얻어서 더욱 무기력에 빠집니다. 말 잘 듣는 아이로 커서 부모님 속을 썩이지는 않았을 테지만, 스스로의 행복을 결정하지도 못하는 것 같아 안타깝습니다. 열심히 살아온 것 같은데 왜 마음은 아플까요?

고려대학교 정신건강의학과 한창수 교수는 무기력을 이겨낼 수 있는 방법으로 매일 자신의 일과를 정해놓고 그대로 따라가보는 자기관리가 필수적이라고 말합니다. 생활

계획표를 세워서 그대로 따라가는 겁니다. 근데 그것을 지키기 어려우니, 계획표를 시작하기 전에 일종의 시작버튼인 '의식(루틴)'을 행하라고 합니다.

공부하기 전에 커피를 한 잔 타와서 마시기, 연필을 가지런히 펼쳐놓기, 기도하기 등 자신이 편한 행동으로 계획의 시작버튼을 누르는 것입니다. 그러면 마음을 다잡고 쭉 계획한 대로 진행할 수 있다고 합니다. 행동으로 무기력에서 벗어날 수 있는 것입니다.

- 학습된 무기력에서 벗어나자.
- 계획표를 세우자.
- 계획을 실행하기 전에 나만의 의식을 치르자.

자연은 항상
깨달음을 준다

씨앗 몇 개만 뿌리고도 트럭 한 대분의 호박을 얻을 수 있다.
자연의 경이로움은 우리가 내준 것보다
훨씬 많이 돌려주는 저 관대함이다.
다만 열매를 얻으려면 우선 밖으로 나가 땅을 파야 한다.

_앤드류 매튜스

만일 우리가 자연계 속에서 더욱더
자연을 느낄 수 있는 것을 연구하고
자연의 원칙을 따라 행동한다면
그것이 우리 인간들에게는 얼마나 즐거운 일이겠는가.

_ 윌리엄 펜

산과 강은 좋은 이웃이다.

_J. 허버트

우리는 어머니의 품과 같은 자연을 향해
달려가서 그 따사로운 주름 속에
몸을 숨기는 이상한 족속이다.
자연 속에서 우리는 잠을 자고 그곳에서 깨어난다.

_ 알랭

자연이 하는 일에는 쓸데없는 것이 없다.

_ 아리스토텔레스

사람은 세상 모든 것을 제어하고 통제하려고 듭니다. 그리
고 다 가질 수 있을 거라는 오만함에 빠져 있습니다. 우주
로 사람을 보내고, 달에 착륙하고, 과학기술의 발달로 그
오만함은 더욱더 심해집니다. 사소하게는 내일의 날씨뿐
만 아니라, 일주일 치 날씨를 예상할 수 있고, 한국에 앉아
서도 미국의 날씨를 알 수 있습니다. 모르는 것이 있으면
인터넷을 뒤져서 금방 알아낼 수 있으니 세상만사를 다 꿰
고 있는 듯한 기분이 듭니다.

하지만 우리는 자연의 아주 작은 부분에 지나지 않습니다. 우리가 살고 있는 지구도 태양계의 작은 행성일 뿐이고, 태양계는 은하계의 아주 작은 먼지일 뿐이고, 이 은하계는 2조 개의 은하계 중 하나일 뿐입니다.

주변을 돌아보며 자연의 섭리를 깨닫고 자연의 신비로움을 바라볼 때가 되었습니다. 꽁꽁 언 겨울을 지나 봄이 오면 싹을 틔우는 만물을 보며 경탄을 느껴보면 어떨까요? 자연의 신비함에 취해도 보고, 우리의 삶도 경건한 마음으로 살아보는 겁니다.

- 인간의 오만함을 버리고 자연 앞에 겸손해지자.
- 자연의 변화를 느껴보자.
- 자연과 함께 살자.

욕심이 아닌
가치로 채우는 삶

당신의 욕심이 끝이 없다면
당신의 걱정과 두려움도 끝이 없게 될 것이다.

_ 토마스 풀러

당신의 목표가 단지 부자가 되는 것이라면
당신은 절대 그 목표를 달성할 수 없을 것이다.

_ 존 D. 록펠러

당신이 너무 많은 것을 바란다면
당신이 지금 가지고 있는 것도 잃게 될 것이다.

_ 아이작 아시모프

욕심 앞에서는 전 세계를 다 준다 해도 부족할 것이다.

_ 세네카

자신이 지금 가지고 있는 것으로 만족할 수 없는 사람은
그 사람이 가지고 싶어 하는 것을 다 가진다고 하더라도
만족하지 못할 것이다.

_소크라테스

부족한 사람은 뭔가를 가졌을 때 행복을 느낍니다. 그런데
그 행복은 오래가지 않아요. 또 다른 걸 갖고 싶어 합니다.
그걸 또 가지면 잠시 행복하지만 또 다른 걸 갈망하게 됩니
다. 바닷물로 갈증을 푸는 격입니다. 그렇다면 정말 돈이
많아서 세상의 모든 것을 다 가지면 행복할까요?

철학자 쇼펜하우어는 이렇게 말했습니다. 평범한 사람
들이 욕망에 시달린다면, 성공한 사람들은 권태에 시달린
다고요. 결국 완전한 만족은 없는 것입니다.

욕심과 욕망이 살아갈 힘이 되어주는 것은 사실이지만,
거기에 매몰되어서도 안 될 것입니다. '내려놓음'이 필요합
니다. 아무리 노력해도 안 될 수도 있습니다. 배수의 진을

쳐도 안 될 수도 있습니다.

　욕심을 채우며 살기보다는 하루하루를 의미 있고 가치 있게 만드는 데 힘쓰는 게 후회 없는 삶을 사는 방법입니다. 작은 것에도 기뻐하고, 사소한 것에도 감사하는 마음을 가지면 하루를 의미 있고 보람되게 보낼 수 있습니다. 이미 우리는 많이 가졌거든요.

- 욕심을 채운 행복은 오래가지 않는다.
- 삶에는 내려놓음이 필요하다.
- 작고 사소한 것에 기뻐하며 감사하는 삶을 살자.

약자들을 위한
마음

누구도 자신이 받은 것으로 인해 존경받지 않는다.
존경은 자신이 베푼 것에 대한 보답이다.

_ 캘빈 쿨리지

친절한 마음가짐의 원리, 타인에 대한 존경은
처세법의 제1조건이다.

_ H.F 아미엘

친절은 온갖 모순을 해결하면서 생활을 장식한다.
얽힌 것을 풀어주고 난해한 것을 수월하게 해주며
암울한 것을 환희로 바꾸어놓는다.

_ 필립 체스터필드

모든 말을 존중하라.

_ 톨스토이

소년은 장난삼아 개구리에게 돌을 던지지만
개구리는 정말로 죽는다.

_플루타르코스

우리는 약한 존재들입니다. 약하고 약합니다. 근데 더 약한 존재들도 있습니다. 세상에 아무리 강해도 그보다 더 강한 존재가 있듯이, 더 약한 존재들이 있습니다. 약하다고만 생각했던 우리는 누군가에게는 강한 자가 될 수 있고, 나도 모르는 사이에 군림하고 있을지도 모릅니다. 깨닫고 각성해야 합니다.

나도 모르는 사이에 내가 강한 자가 되어 있을 수 있다는 각성은 우리를 겸손한 자세로 이끕니다. 이 겸손은 상대를 배려하고 친절을 베풀고 약자 편에 서게 해줍니다. 우리도 약하지만 더 약한 자가 존재한다는 것을 깨닫고 그들을 보호해주어야 할 것입니다.

약한 존재들 옆에 서 주세요. 그들의 편이 되어주세요. 그들의 동지가 되어주세요. 그들에게 용기와 희망을 주세요. 그런 행동과 마음이 오히려 우리에게 평안과 위안을 주기도 합니다. 약자에 대한 배려를 잊지 않고, 친절을 베풀 때 세상은 더욱 아름답게 변화할 것입니다. 바로 나부터 시작해보는 거예요. 나보다 더 약한 자들을 위하여.

- 나는 약자다.
- 나보다 더 약한 존재들이 있다.
- 그들의 편에 서주자. 그들에게 강자로 군림하지 말자.

3장
....

역경을 딛고
일어서게 하는 말

무너진 마음을
일으켜 세우는 길

어떤 일을 시도할 땐 장애물을 만나기 마련이다.
나도 그랬고, 모든 사람이 그렇다.
그러나 장애물이 너를 멈추게 해서는 안 된다.
벽을 만나면 절대로 뒤로 돌아서 포기하지 마라.
어떻게 올라갈 건지, 뚫을 건지, 둘러갈 건지 고민해라.

_ 마이클 조던

그 무엇도 직선으로 움직이지 않는다.
어떤 목표도 좌절과 방해를 겪지 않고 이루어지는 법은 없다.

_ 앤드류 매튜스

삶에 대한 절망 없이는 삶에 대한 희망도 없다.

_ 알베르 카뮈

절망하지 말라.
비록 그대의 모든 형편이
절망할 수밖에 없다 하더라도 절망하지 말라.

_ 프란츠 카프카

태양은 또다시 떠오른다.
저녁이 되면 석양이 물든 지평선으로 지지만
아침이 되면 다시 떠오른다.
태양은 결코 이 세상을 어둠이 지배하도록 놔두지 않는다.
태양은 밝음을 주고 생명을 주고 따스함을 준다.
태양이 있는 한 절망하지 않아도 된다.
희망이 곧 태양이다.

_어니스트 헤밍웨이

지금 밑바닥이라고 말할 수 있는 동안은
아직 진짜 밑바닥은 아니다.

_셰익스피어

기쁘고 즐겁고 행복한 일만 가득했으면 좋겠습니다. 그런데 늘 좋은 날만 있는 것은 아닙니다. 흐린 날도 있고 비가 오는 날도 있고 태풍이 오기도 합니다. 그러니까 늘 행복할 수만은 없는 것입니다. 이것이 자연의 순리입니다. 우리는 자연의 순리를 따르며 살면 됩니다. 태풍이 불면 바짝 엎드려서 태풍이 지나가기를 기다리면 됩니다. 태풍에 맞서 싸울 필요가 없습니다. 마찬가지로 절망적인 순간이 다가올 때 그 좌절의 시간이 지나가기를 기다리면 좋겠습니다. 시간이 지나면 절망이 희망으로 바뀌니까요.

절망의 순간은 가장 밑바닥일 것입니다. 꿈을 이루기 위해 열심히 노력했는데 그것이 좌절됐을 때, 돌아갈 수도 없고 나아갈 수도 없는 막다른 벽에 가로막혔을 때 인생에 있어서 가장 바닥에 떨어진 기분일 것입니다. 어떻게 하면 좋을까요? 반대로 생각해보는 건 어떨까요? 가장 바닥이니까 앞으로는 치고 올라갈 일만 있겠구나!

1920년에 독일에서 태어난 유대인 에디 제이쿠는 아우슈비츠에서 살아남은 생존자 중 한 사람이었습니다. 그는 그 수용소에서 탈출했을 당시 콜레라와 장티푸스에 걸려 있었고 영양실조도 심각했습니다. 몸무게는 고작 28킬로그램이었죠. 《세상에서 가장 행복한 100세 노인》이라는 책에서 그는 이렇게 말했습니다.

"목숨이 붙어 있는 한 희망은 있다. 희망에게 기회를 한 번 줘보는 게 어떨까? 돈 한 푼 들지 않으니 말이다! 친구여, 나는 이렇게 해서 살아났다."

- 늘 행복할 수만은 없다.
- 태풍이 오면 지나가기를 기다리면 된다.
- 희망을 버리지 말자.

행복은
비움으로 얻는다

인생은 본시 단순한 것이다.
그런데 사람들은 인생을 자꾸 복잡하게 만들려고 한다.

_ 공자

단순하게 산다는 것은
정말 소중한 것을 위해서 덜 소중한 것을 덜어내는 것이다.

_ 한근태

단순함을 얻기란 복잡함을 얻기보다 어렵습니다.
무언가를 단순하게 만들기 위해서는
당신의 생각을 깔끔히 정리해야 합니다.
이 과정은 어렵지만, 한 번 이를 거치면
당신은 무엇이든 할 수 있습니다.

_ 스티브 잡스

규칙 1, 사소한 일에 신경 쓰지 말아라.
규칙 2, 모든 것은 사소한 일이다.

_ 로버트 엘리엇 스피어

단순하게 살아라.
현대인은 쓸데없는 절차와 일 때문에
얼마나 복잡한 삶을 살아가는가?
_ 이드리스 샤흐

꼼꼼하게 챙기다가 인생이 다 지나가 버린다.
단순하게 살아라.
_ 헨리 데이비드 소로

인생은 수많은 사람이 서로 얽히고설켜서 복잡하게 살아 갑니다. 어쩌면 쉽게 갈 수 있는 길도 어렵게 돌아가는 것만 같습니다. 우리가 어릴 때는 이렇게 복잡하게 살지 않았던 것 같은데, 어른이 되면서 많은 것이 달라졌습니다. 세상이 복잡하다는 것을 알아가면서 우리는 그 속에 부속품이 되어 복잡함을 더하고 있는 것 같습니다.

꼭 등에 집을 짊어진 달팽이처럼 살아야 할까요? 괴나리 봇짐 하나 달랑 메고 단순하고 재미있게 살면 안 될까요?

세상 고민, 세상 걱정 다 짊어지고 살기엔 인생은 짧습니다. 잠시 세상에 머무르는 시간을 소풍 온 것으로 묘사했던 천상병 시인처럼 그렇게 살다가고 싶습니다.

　욕심이 생기면 삶이 복잡해지는 것 같습니다. 그럼 욕심을 버려볼까요? 지금 가지고 있는 것만으로 만족하며 사는 사람들이 꽤 많았습니다. 미국의 헨리 데이비드 소로는 "삶을 간소하게 살아라. 제발 바라건대 일을 3가지 정도로 줄이고, 일을 늘리지 말아라"라고 말했습니다. 법정 스님도 아무것도 소유하지 않고, 욕심을 버리고, 삶을 단순하고 간소하게 살아가는 '무소유'를 강조했습니다. 삶에 행복을 가져다주는 3가지는 책 몇 권, 나의 일손을 기다리는 채소밭 그리고 오두막 옆 개울물을 길어다 끓인 차 한 잔이라고 했어요.

　인생을 쉽게 사는 사람들을 보면 복잡한 것을 단순화하는 기술이 뛰어납니다. 복잡한 사안을 단순하게 만들어서 쉽게 해결합니다. 삶 자체를 단순하게 바라보고 핵심에 집중하는 연습이 늘 되어 있어야 문제도 쉽게 풀 수 있게 됩니다. 파타고니아의 창업자 이본 쉬나드는 생텍쥐페리에게 영감을 받아 단순한 디자인을 취했습니다. 단순한 디자인과 책임감이라는 철학으로 등산 의류를 만들어냈습니다. 더 이상 추가할 것이 없어야 완벽한 것이 아니라, 더 이상 뺄 것이 없어야 완벽하다는 생텍쥐페리의 말처럼 말이죠.

- 단순하고 재미있게 살아보자.
- 인생은 본디 단순하다.
- 복잡한 것을 단순하게 만드는 연습을 늘 해보자.

지금에 충실하면
걱정은 사라진다

어느 정도의 걱정, 고통, 고뇌는 항상 필요한 것이다.
무거운 짐을 싣지 않은 선박이
불안정하여 나아갈 수 없는 것과 같다.

_ 쇼펜하우어

10분 이상 걱정하지 말라.
우리가 아는 걱정거리 40%가
절대 일어나지 않을 사건들에 대한 것이고,
30%는 이미 일어난 사건들, 22%는 사소한 사건들,
4%는 우리가 바꿀 수 없는 사건들에 대한 것이다.
나머지 4% 미만이 우리가 대처할 수 있는 진짜 사건이다.

_ 어니 J. 젤린스키

해결될 문제라면 걱정할 필요가 없고,
해결이 안 될 문제라면 걱정해도 소용없다.

_ 티베트 격언

나는 미래에 대해 생각하는 법이 없다. 어차피 곧 닥치니까.

_ 알버트 아인슈타인

걱정을 한다는 것은 미신적 행동이다.
예측 능력이나 예방 효과는 전혀 없다.

_ 그웬돌린 스미스

가난, 고난, 근심, 걱정은 그대를 옥처럼 완성시킨다.

_ 근사록

'내버려두는 것'은 걱정과 상반되는 멋진 말이다.
현실을 있는 그대로 전개되도록 내버려두라.
쓸데없는 간섭도 필요 없다.
그냥 내버려두면 주변 사람과 상황,
그리고 자기 자신에게서 해방될 수 있다.

_ 브렌다 쇼샤나

살면서 저지를 수 있는 가장 큰 실수는
실수할까봐 끊임없이 걱정하는 것이다.

_ 엘버트 허버드

걱정 없는 인생이라면 얼마나 좋을까요? 우리는 살면서 걱정을 많이 하며 삽니다. 해도 너무할 정도로 많이 합니다. 걱정에 걱정을 더해 걱정까지 하니 얼마나 걱정스러운지 모르겠습니다. 그런데 한번 돌이켜봅시다. 걱정해서 걱정이 해결된 적이 있었나요? '걱정을 했더니 시원하게 해소되었더라' 이런 느낌을 받은 적이 있었나요? 오히려 그 반대였을 겁니다. 차라리 '걱정할 시간에 재미난 일을 할걸', '아, 내가 생각이란 것을 할 줄 모른다면 걱정도 안 했을 텐데'라는 생각이 들 겁니다.

그렇습니다. 걱정을 안 하고 살 수는 없습니다. 우리는 머리가 있고 생각을 할 수 있는 존재이기 때문에 자연스럽게 걱정이 떠오릅니다. 그럴 때마다 그저 걱정을 바라봐주면 어떨까요? '아, 걱정이 왔구나. 큰 걱정이 왔구나. 그냥 흘려보내야지.' 이렇게 걱정을 객관화해서 바라봐주는 겁니다. 내 걱정이지만, 남의 걱정인 것처럼 생각해보는 것이죠. 오는 걱정 말리지 말고, 걱정이 가버리면 툴툴 털어

버리는 작전입니다. 그러면 조금이라도 걱정에서 벗어나
마음이 편해지지 않을까요?

뇌 재활을 돕는 작업치료사 스가와라 요헤이는《나는 심
플하게, 살기로 했다》에서 걱정이 생기면 귀에서부터 위쪽
머리를 차갑게 하라고 조언합니다. 걱정은 대뇌에서 발생
하는데, 대뇌도 다른 신체기관처럼 온도를 낮춰주면 필요
이상의 활동을 막을 수 있습니다. 얼린 수건이나 얼음주
머니를 베개 윗부분에 깔아서 귀에서부터 위쪽 머리를 식
힙니다. 단, 귀에서부터 목까지 차가워지면 오히려 대뇌가
각성하니 이 점을 주의해야 합니다.

영국 리즈베켓 대학교에서 심리학을 가르치고 있는 스
티브 테일러는 책《마음의 숲을 걷다》에서 이런 이야기를
했습니다. 대학에서 강의를 하던 시절 그는 무척 힘든 시
간을 보냈습니다. 새로 온 관리자가 그를 사사건건 트집을
잡았기 때문입니다. 어느 금요일 오후, 그는 월요일에 강
의하러 갈 생각을 하자 걱정이 되기 시작했습니다. 그러다
가 갑자기 깨달음을 얻으며 걱정이 사라졌다고 합니다.

'직장이란 곳은 원래 그런 법이고, 그 문제에 대해 고민

한다고 해서 달라지는 것은 하나도 없다. 어쨌든 그것은 사흘 후에나 벌어질 일이고, 지금의 나와는 아무 상관이 없다는 깨달음이었습니다. 현재와 미래를 분리했더니 고민이 사라져버린 것입니다. '카르페 디엠, 현재에 충실하기'로 한 것입니다.

- 해결하지 못할 일에 대한 걱정은 하지 말자.
- 걱정을 객관적으로 바라보는 연습을 하자.
- 미래에 벌어질 일과 현재를 분리하고, 현재에 충실하자.

스트레스를
활력으로 삼는 방법

스트레스와 불행은
자신이 처한 상황으로부터 오는 것이 아니라,
그 상황에 대처하는 방식에서 온다.

_ 브라이언 트레이시

당신이 스트레스를 받고 있다면, 한 가지 질문을 하라.
"5년 후에도 문제가 될 일인가?"
만약 그렇다면 그 상황을 해결하기 위해 노력하고,
아니면 넘어가라.

_ 캐서린 펄시퍼

스트레스가 쌓일 때면 담대하고 단호해져라.

_ 호라티우스

우리는 가만히 앉아 있어야 할 때가 있다.
가만히 귀를 기울이면
완전히 다른 세계의 바람이 속삭이기 시작한다.

_ 제임스 캐롤

스트레스는 당신의 선택이다.
그리고 당신의 평온도 마찬가지다.

_루이스 휴

영국인들은 청어를 좋아합니다. 보통 양파를 듬뿍 썰어 날 것으로 먹습니다. 소금에 절이거나 구워서 먹기도 하죠. 청어에 대한 사랑이 대단한 영국인들에게 문제가 하나 있었는데, 청어가 영국에서는 잘 잡히지 않는 물고기라는 것이었습니다. 먼 북해에서 청어를 잡아오면 운반 시간이 길었기에 절반이 죽은 채로 오게 되었죠.

이때 한 어부가 청어를 거의 살려서 운반해왔고, 사람들이 그 비결에 대해 물었습니다. 그는 "수조에 숭어를 몇 마리 풀면 됩니다"라고 대답했습니다. 청어에게는 숭어라는 존재가 생명을 위협하는 엄청난 스트레스였는데, 아이러니하게도 그것이 생존을 위해 애쓰는 요인으로 작용한 것입니다. 이렇듯 스트레스는 어떻게 보느냐에 따라 부정적이 되기도 하고 긍정적이 되기도 합니다.

혼히 우리는 스트레스를 우리 인생을 발목 잡는 '나쁜 녀석'이라고 말합니다. 그런데 나쁜 녀석이라고 생각했기 때문에 나쁜 녀석이 되어버린 것 아닐까요? 사실 스트레스는 긍정적인 측면도 있습니다.

스트레스에 대해 연구한 로버트 새폴스키 박사는 '항시 사자가 도사리고 있는 초원에서 얼룩말들은 어떻게 그 엄청난 스트레스를 이기고 살아갈까'를 주제로 얼룩말을 관찰한 적이 있습니다. 그리고 그는 얼룩말에게서 다음의 2가지 사실을 발견해냈습니다.

첫째, 사자가 있다는 사실을 인정해버린다.

둘째, 사자가 눈앞에 나타나기 전까지는 사자 생각을 하지 않는다.

여기서 사자를 걱정 스트레스라고 생각해보자고요. 걱정 스트레스가 있다는 것을 그대로 인정해버리는 겁니다. 굳이 피하지 않는 것이죠. 그리고 걱정했던 일이 눈앞에 나타나기 전까지는 생각하지 않는 것입니다.

스트레스를 해결할 수 있는 방법이 또 있습니다. 마음속을 기쁨과 감사와 사랑으로 채우는 것입니다. 자신이 좋아하는 일로 기뻐하기, 현재 가지고 있는 것에 대해 감사하기, 가족 안에서 서로 사랑하기입니다. 이런 감정이 가득해지면 엔돌핀의 분비가 촉진되어 스트레스 호르몬이 감소합니다.

자신이 좋아하는 일을 하면서 스트레스를 날려버리세요. 음악 감상, 독서, 운동, 게임 등을 활용해보는 겁니다. 감사할 거리를 찾아 하루에 5가지씩 감사 일기를 적어보는 것도 좋습니다. 사랑하는 가족과 함께 재미있는 시간을 보내거나 여행을 떠나보는 것도 좋겠지요.

- 스트레스가 꼭 나쁜 것만은 아니다.
- 스트레스의 존재를 인정하자.
- 좋아하는 것 하기, 감사거리 찾기, 사랑하기로 스트레스를 날려버리자.

늘 잘해야 한다는 마음을
내려놓자

완벽하려고 걱정하지 말아라.
어차피 너는 그것을 달성하지 못한다.

_ 살바도르 달리

너무 사소한 것에 연연하거나 완벽주의에 매달리지 말 것.
모든 삶은 실험이다.

_ 랄프 왈도 에머슨

완벽한 사람은 없습니다.
오직 자신의 부족함을 잘 아는 사람과
잘 모르는 사람만이 있을 뿐입니다.

_ 혜민

완벽을 위해 노력한다 할지라도
그 결과는 놀라울 정도로 다양한 불완전함이다.
너무도 다양한 방식으로 실패할 수 있는
우리의 다재다능함이 놀라울 뿐이다.

_ 사무엘 크로터스

완벽함이 아니라 탁월함을 위해서 애써라.

_ H. 잭슨 브라운 주니어

아무리 동그란 원을 그려도 현미경으로 보면 삐뚤빼뚤할 겁니다. 자를 대고 일직선을 그렸어도 마찬가지일 것입니다. 정말로 완벽한 원과 선은 우리의 상상 속에서만 가능한 일일 겁니다. 완벽할 수 없는데 완벽함을 추구하는 건 어쩌면 굉장한 난센스가 아닐까요.

그래서 완벽한 성공도 없지만 완벽한 실패도 없습니다. 성공하면 그걸로 끝나는 것이 아닙니다. 지키고 더 노력해야 돼죠. 실패해도 마찬가지예요. 실패가 끝이 아닙니다. 완벽하게 실패한 것이 아니기에 우리에게는 희망이 주어집니다.

인간은 원래 완벽하지 않습니다. 그렇기 때문에 완벽에 집착하면 탈이 생기고 말죠. 사물을 자세히 살펴보면 원자가 보입니다. 원자는 불완전한 상태로 끊임없이 진동하고 있습니다. 세상의 모든 것이 완벽하지 않다는 사실을 기억해야 합니다.

그러니 완벽을 버리고 95%만 해보는 겁니다. 그래야 마음이 편합니다. 완벽을 기하다 보면 실패할 경우 견뎌내지 못합니다. 5%는 비워두세요. 이것은 신의 영역으로 남겨두세요. 아무리 노력해도 할 수 없는 부분입니다. 조금 비워두는 것이 좋습니다.

우리 모두 얼굴도 완벽하지 않고, 키도 완벽하지 않고, 좌우 대칭도 완벽하지 않고, 능력도 완벽하지 않고, 다리 길이도 완벽하지 않고, 성격도 완벽하지 않고, 삶 자체가, 모든 것이 완벽하지 않습니다. 자꾸 완벽을 추구하면 지칠 수밖에 없습니다.

- 세상에 완벽한 것은 없다.
- 95% 노력하고 나머지 5%는 신의 영역으로 남겨두자.

걸림돌이라는 생각,
디딤돌이라는 생각

길을 가다가 돌이 나타나면
약자는 그것을 걸림돌이라고 말하고
강자는 그것을 디딤돌이라고 말한다.

_토머스 칼라일

자신에 대한 부정적인 마음을 버려요.
자신을 두렵게 하는 원인을 만든 사람들을 부정하세요.

_레이디 가가

긍정적인 사람은 한계가 없고,
부정적인 사람은 한 게 없다.

_작자 미상

많은 긍정적 사고를 가진 기업이
부정적 사고를 가진 기업을 인수해 부자가 됐다.

_로버트 앨런

나는 중요한 슛을 놓친 결과에 절대 개의치 않는다.
그 결과에 대해 생각하면
언제나 부정적인 결과만 생각하게 된다.

_마이클 조던

부정적으로 생각하는 사람이 긍정적으로 생각하는 사람
보다 많은 것이 사실입니다. 우리는 긍정적인 사람이 보다
나은 삶을 산다는 점을 잘 알고 있습니다. 이렇게 확실하
게 알고 있지만 부정적인 생각을 버리지 못합니다.

부정적인 사람과 같이 있으면 기분이 좋지 않습니다. 자
꾸 안 된다고 하고, 안 될 것만 찾으니 맥이 빠집니다. 되든
안 되든 한번 해보면 어땠을까요? 설사 되지 않더라도 말
로써 사기를 올릴 수도 있고, 기분을 좋게 만들 수도 있는
데 우리는 일이 시작도 되기 전에 부정적인 말로 인해 얼마
나 손해를 보고 있는지요.

우리가 살면서 얼마나 부정적인 생각을 하며 사는지 알

아볼 방법이 있습니다. 우리 안에 쌓여 있는 불만 사항을 모두 종이 위에 써보는 겁니다. 부정적인 사고방식을 긍정으로 바꿀 수 있는 방법은, 종이 위에 쓴 부정적인 문장을 직접 우리의 두 눈으로 확인하는 것입니다. 그리고 다음으로 할 일은 그 문장을 긍정적으로 바꿔보는 겁니다. 제삼자의 눈으로 객관적으로 바라봅니다.

또 다른 방법이 있습니다. 자신의 부정적인 사고를 깨기 위해 부정적인 생각이 떠오를 때마다 잘한 일 3가지를 생각해보는 겁니다.

사실 우리가 좀 더 부정적인 이유는 따로 있습니다. 뇌는 긍정성보다는 부정성에 더 민감하게 진화되어 왔습니다. 그래야 생존에 더 유리했기 때문이죠. 어쩌면 우리가 부정적인 모습을 보이는 것은 본능에 가까운 것이니 자책할 필요는 없습니다.

부정적인 말을 듣게 되거나 그런 생각을 하면 주먹을 꽉 쥐게 되곤 합니다. 꼭 마음도 옥죄는 것 같지요. 이럴 때 반대로 하는 겁니다. 쫙 펴주세요. 그러면 부교감신경이 내려가는 것을 막고 부정성을 통제할 수 있게 됩니다.

- 긍정적인 사람이 부정적인 사람보다 더 나은 삶을 산다.
- 부정적인 말과 생각으로 먼저 지고 들어가지 말자.
- 부정을 긍정으로 바꾸는 연습을 해보자.

조급함을 덜어내면
중요한 것이 남는다

어떻게 기다려야 하는지 아는 자에게는
적절한 시기에 모든 것이 주어진다.
_노먼 빈센트 필

미리 미래를 내다보고 뭔가를 예측하려고 애쓰지 마세요.
삶이란 본래 앞을 알 수 없는 모험으로 충만해야 제맛입니다.
_파울로 코엘료

이기려고 애쓰지 마라.
버티는 데 집중하라.
_보도 섀퍼

조급함으로 말미암아
우리는 역경의 가장 날카로운 가시에 찔린다.
_조지 혼

무엇이 되려고 노력하지 말라. 애쓰지 말라.

_ 찰스 부코스키

사는 게 마음대로 되지 않습니다. 애쓴다고 다 되지 않습니다. 모든 일에 노력을 쏟아부을 시기를 지나면 노력을 더하고 비우고 하는 완급조절이 필요합니다. 버릴 건 버리고 취할 것만 취해야 합니다. 해볼 만한 것인가? 다른 것에 투자하는 것이 나은가?

'하면 된다'라는 말이 있습니다. 반대로 말하면 '되면 한다'가 됩니다. 즉, 되니까 하는 거죠. 한다고 다 되면 세상에 제대로 돌아갈 리 만무합니다. 각자에게 주어진 그릇이 있습니다. 내게 맞는 그릇이 무엇인지 잘 파악해서 도전해야겠지요.

미래를 향해 나아가는 것, 목표를 정하고 전력질주하는 것도 좋지만 지금도 사랑해주어야 합니다. 옆도 좀 돌아보고, 뒤도 돌아보면서 천천히 걸어가도 목적지에 도달할 수 있습니다. 인생은 짧지만 길기도 합니다. 지금 충실히 채운 하루하루가 모여 인생이 되는 것입니다. 시간과 과정이 필요합니다.

내 특기가 무엇인지 알아놓으면 조금 수월합니다. 천부적으로 노래를 잘한다면 그쪽 분야의 진입장벽이 조금은 쉬워 보일 겁니다. 물론 음치도 박치도 노력하면 되겠죠. 하지만 천부적인 사람보다는 많이 늦을 겁니다. 그래도 점점 나아질 수 있습니다. 급하게 마음먹지 않고 과정 자체를 즐기면 조금 늦게 도착하더라도 괜찮습니다.

꼭 노래로 성공한 가수가 되지 않아도 좋습니다. 내가 노래하고 싶을 때 노래하면 되니까요. 꼭 유명 작가가 되지 않아도 좋습니다. 그저 글 쓰는 일 자체를 좋아하고 즐기면 그만이죠. 자신이 좋아하는 일을 하면 애쓰지 않아도 저절로 되는 경향이 있습니다.

- 사는 게 뜻대로 되는 것만은 아니다.
- 내가 좋아하는 일 그 자체를 즐기면서 살자.
- 꼭 목적지에 빨리 도달하지 않아도 된다.

기댈 수 있는
문장 하나를 고르자

왜 살아야 하는지를 아는 사람은
그 어떤 상황도 견뎌낼 수 있다.

_ 니체

뚜렷한 가치관이 있을 때 결정 내리기가 더 쉽다.

_ 로이 디즈니

하루를 천 일처럼 살 것인가,
천 일을 빈 하루로 흘려버릴 것인가.
인생의 길이로 잴 것인가, 의미로 잴 것인가.
그대의 척도가 그대의 인생을 결정한다.

_ 김태관

인생은 자신이 어떤 마음을 먹느냐에 따라
모든 것이 결정된다.
사람은 생각하는 대로 산다.
생각하지 않고 살아가면 살아가는 대로 생각한다.

_ 조엘 오스틴

먼저 뜻을 크게 세워야 한다.

_율곡 이이

좌우명은 자기 옆에 갖추어 두고 가르침으로 삼는 말이나 문구입니다. 신조, 모토(motto)라고도 부릅니다. 자신의 가치관을 나타내주는, 자신이 인생을 살면서 가장 중점을 두고 사는 철학이기도 합니다. 내가 인생을 어떻게 살아야 할지 방향성을 잡아주고, 떨치기 힘든 유혹이나 힘든 고난이 찾아와도 흔들리지 않고 중심을 잡을 수 있게 도와줍니다.

좌우명이 꼭 하나일 필요는 없습니다. 10개도 좋고, 100개도 좋습니다. 옆에 두고 수시로 읽으면서 마음을 다잡을 수만 있다면 책 한 권 분량도 좋을 겁니다. 내가 무엇을 위해 사는지, 앞으로 어떻게 살아야 하는지 방향을 정할 수 있는 말이면 됩니다.

좌우명을 되뇌면 긍정의 힘이 솟아납니다. 자신의 좌우명을 부정적으로 짓는 사람은 없으니까요. 좋은 말, 밝은 말, 힘을 주는 말을 좌우명으로 삼아 만트라를 외듯, 염불을 외듯, 수시로 보고 읊조리면서 자신을 바로 세워봅시다.

- 좌우명은 인생이란 항해에서 등대가 되어준다.
- 좌우명이 없다면 지금이라도 만들어보자. 당장.

어디에 가치를 두고
살 것인가

낮은 척하고 순종하는 척하는 것은
비굴하고 의심쩍은 것이다.
그러나 그 겸손함이 자기 자신의 눈에는 중용으로 비치고,
다른 사람들의 눈에는 낮아짐으로 비친다면,
그는 겸손의 덕이 가득한 사람이다.
겸손은 나에게 텅 빈 부귀가 아니라
낮아진 충만을 제공한다.

_조셉 홀

자기가 그만한 힘이 없으면서도
커다란 존재라고 생각하는 사람은 거만하다.
또, 자신의 가치를 실제보다 적게 생각하는 사람은 비굴하다.

_아리스토텔레스

유리하다고 교만하지 말고
불리하다고 비굴하지 말라.

_ 석가모니

가장 비굴하고 초라해 보이는 사람들이
대개 가장 야심 차고 질투가 많다.

_ 스피노자

자신이 조금 잘한다고 우쭐거리면 교만하게 됩니다. 자신
이 조금 못한다고 자책하기 시작하면 사람이 비굴해집니
다. 교만한 것도 비굴한 것도 바람직한 것은 아닙니다. 중
간을 지켜야 하죠. 잘난 척을 하는 사람 주변에는 사람이
없습니다. 비굴한 사람 주위에도 없습니다. 둘 다 불편하
기 때문입니다.

나의 양심을 파는 행위는 비굴한 겁니다. 법을 어기면
서까지 내 이익을 취하려는 것도 비굴한 것입니다. 아무리
사소한 것이라도 남의 것에 손을 대면서 나의 이득을 취하
려고 한다면 마찬가지입니다. 남에게 허리를 굽히는 것은
매우 쉬운 일입니다. 하지만 나의 양심에 허리를 굽히는
일은 매우 위험합니다.

욕심대로 살면 비굴해질 일이 엄청나게 많아집니다. 이것도 갖고 싶고, 저것도 하고 싶으니까 이익에 눈이 멀게 됩니다. 다른 것은 보이지 않고 오로지 자신의 이득을 위해 남들에게는 뻔뻔하게, 스스로에게는 비굴하게 살게 됩니다.

그러고는 자기합리화에 들어갑니다. '이렇게 비굴하게 살아도 괜찮아, 모두 가족을 위한 일이었어.' 자식들이 나중에 이 사실을 알게 된다면 얼마나 창피해할까요. 자랑스러운 부모가 되지는 못할망정 부끄러운 부모가 되는 일 아닐까요.

- 잘났다고 교만해지지 말자.
- 못났다고 비굴해지지 말자.
- 내 양심을 지키며 살자.

4장

고민으로
잠 못 드는 밤에 필요한 말

혼자인 시간이
나에게 알려주는 것들

사람은 때때로
홀로 있을 줄 알아야 한다.

_ 법정

혼자라고 해서 전혀 문제될 것은 없다.

_ 웬디 와서스타인

재능은 고독 속에서 가장 크게 발전한다.

_ 괴테

이 세상에서 가장 강한 인간은
외로움 속에서 혼자 서는 인간이다.

_ 입센

성인이 된다는 것은 곧 혼자가 된다는 뜻이다.

_ 쟝 로스땅

'외로움'이란
혼자 있는 고통을 표현하기 위한 말이고,
'고독'이란
혼자 있는 즐거움을 표현하기 위한 말이다.

_ 폴 틸리히

정신이 풍부한 사람은 욕심과 고통을 버리고
평온하고 여유로운 생활을 한다.
조용하고 소박한 생활을 한다.
그리고 가능한 남에게 비난받지 않는 생활을 한다.
따라서 정신이 풍부한 사람은
누군가와 어느 정도 알게 된 후에는 속세를 떠난다.
위대한 정신을 가진 자는 고독을 선택할 수 있는 것이다.

_ 쇼펜하우어

인간은 혼자입니다. 누군가와 만나고 함께 살아도 혼자입니다. 배고플 때, 아플 때, 선택을 해야 할 때, 역경이 찾아왔을 때 어느 누구도 대신해줄 수 없기 때문입니다. 결국은 내가 해야 하는 것이고, 남이 해줄 수 없습니다. 이 점을 염두에 둘 때 외로움을 보다 잘 이겨낼 수 있습니다.

보통 우리가 카페에서 작업하는 것이 더 집중이 잘 되는 이유도 이 특성 때문입니다. 카페는 모두에게 개방된 장소이지만 또한 개인적인 장소이기 때문입니다. 시끌벅적 여러 사람이 있는 공개되고 개방된 곳이지만, 개인적인 공간을 유지하고 지킬 수 있는 곳이기도 합니다. 우리는 집단으로서의 전체성도 가지고 있지만, 개인으로서의 개체성도 가지고 있는 존재입니다. 카페는 이 특성들의 교집합인 장소인 것입니다.

많은 사람이 외로움을 부정적으로 보기보다 오히려 즐기라는 말을 많이 합니다. 미국의 김유진 변호사는 외로움은 나에게 집중할 기회라고 말합니다. 한상복 작가는 우리가 피할 수 없는 3가지 중 하나가 외로움이라고 말하며, 지금 외롭다면 잘 살고 있는 거라고 말해줍니다. 소설가 공지영도 모든 창작에는 고독을 연료로 사용한다고 말합니다.

이렇듯 외로움, 고독은 꼭 부정적인 것만은 아닙니다. 분명히 긍정적인 면이 많습니다. 우리가 어떻게 보느냐에 따라 부정적이 되기도 하고 긍정적이 되기도 합니다. 외로

움을 적으로 삼으면 죽기보다 싫을 것이고, 벗으로 삼으면
인생을 찬란히 만드는 기반이 될 수도 있습니다.

- 결국 우리는 모두 혼자다.
- 외로움이 단점만 있는 것은 아니다.
- 외로움을 발전의 기회로 적극 이용하자.

마음이
마음대로 되지 않을 때

당신이 걱정이나 우울,
다른 정신적 심리상태에 놓였다고 해서
당신이 사랑받지 못할 사람이 되는 것은 아니다.
그냥 그것을 통해 당신이 기계가 아니라
사람이라는 것을 알게 되는 것뿐이다.

_ 세스 길리엄

우울함은 병이 아니다.
우울함은 삶에서 비정상적인 경험을 겪을 때 나타나는
일반적인 반응이다.

_ 요한 하리

우울증은 두꺼운 담요와 같습니다.
내 모든 것을 덮어버려서 일어나기가 어렵습니다.
하지만 그 안에도 편안함이 있습니다.
내가 그 밑에 있을 때 내가 누구인지 압니다.

_ 작자 미상

고귀한 행위와 뜨거운 목욕은
우울증의 가장 좋은 치료법입니다.
_ 도디 스미스

우울증에 걸린 사람을 알고 있다면
그 이유를 묻지 않기로 결심하십시오.
우울증은 나쁜 상황에 대한 직접적인 반응이 아닙니다.
우울증은 날씨와 같습니다.
_ 스티븐 프라이

어쩌면 우울한 감정도 축복인 것 같습니다. 인간이라는 방
증이기도 하니까요. 우리는 사람이니까 감정을 가질 수 있
는 것이지요. 기쁨이 있으면 당연히 슬픔도 있는 것입니
다. 기쁨이 좋다고만 할 수 없고, 우울이 나쁘다고만 할 수
없습니다. 그저 한 가지 현상일 뿐입니다. 우울이 다가오
면 지긋이 바라봐주면 좋을 것 같습니다. 다행스럽게 우리
는 생각할 수 있습니다. 컨트롤이 가능합니다. 좋고 싫음

을 자유자재로 생각할 수도 있습니다.

이렇게 마음먹은 대로만 된다면 무슨 걱정이 있겠냐만은, 마음이 마음대로 되지 않을 때가 더 많습니다. 그럼 어떻게 하면 좋을까요?

서울대학교병원 강남센터 정신건강의학과 윤대현 교수는 이렇게 말합니다.

"가끔은 우울해도 괜찮다. 인간의 기본적인 감성 상태는 '약간 우울함'이니까. 우울은 성숙과 창조의 마찰음이니까."

미국의 유명 앵커 조앤 런든은 우울한 감정을 극복하기 위해 독서를 했다고 합니다. 독서를 하면서 좋은 구절들을 노트에 정리해두었고, 우울할 때마다 그 구절을 읽고 힘을 냈다고 합니다. 일본의 스포츠의학박사이자, 최고의 멘탈 테라피스트인 지멘지 준코는 울적한 기분이 들면 바나나를 먹으라고 조언합니다. 우울증은 신경전달 물질인 세로토닌이 부족하기 때문에 나타나는 증상인데, 바나나에 세로토닌이 풍부하다고 합니다.

저는 우울할 때 박수를 칩니다. 박수를 치면 손바닥이 얼얼해지면서 혈액순환이 잘 되는 기분이 듭니다. 박수 소리에서 나오는 힘이 우울함을 몰아내주는 것 같은 기분이 듭니다. 일정한 속도로 치다 보면 그 안에서 리듬이 만들어지면서 가라앉아 있던 기분도 점점 깨어납니다. 음악을 틀어놓고 박자에 맞춰서 치는 것도 좋습니다. 우울함이 사라질 때까지 박수를 치면 기분이 상쾌해집니다.

- 사람이니까 우울할 수 있다.
- 약간 우울한 상태가 정상이다.
- 우울할 때 활용할 수 있는 나만의 방법을 찾아보자.

나쁜 기분을 이기는
행복 습관

행복은 위치가 아니라 방향이다.

_시드니 J. 해리스

습관은 인간의 삶에 있어 가장 높은 판사와도 같다.
그러니 반드시 좋은 습관을 기르도록 노력하라.

_프란시스 베이컨

행복의 다섯 가지 원칙
첫째, 지난 일에 연연하지 않을 것
둘째, 미워하지 않을 것
셋째, 사소한 일에 화내지 않을 것
넷째, 현재를 즐길 것
다섯째, 내일은 신에게 맡길 것

_괴테

습관은 삶의 훌륭한 안내자다.

_데이비드 흄

나쁜 습관을 떨쳐버리는 가장 좋은 방법은
절대 시작하지 않는 것이다.

_ 제임스 C. 페니

좋은 일이 있어야 행복해지는 건 하수의 방법입니다. 행복의 감정은 우러나올 수도 있지만, 만들 수도 있습니다. 행복해지기 위해서는 수동적으로 받아들이기보다는 능동적으로 행복을 찾아나서는 게 현명합니다.

현상은 내가 제어할 수 없습니다. 그러나 우리는 현상에 의미를 부여할 수 있습니다. 물컵에 물이 반이 있을 때 어떤 사람은 '반밖에 없네'라고 푸념하는 반면, 어떤 사람은 '반이나 남았네'라고 서로 다른 의미를 부여합니다. 결국 현상에 어떤 의미를 부여하느냐에 따라 행복할 수도 있고, 그렇지 않을 수도 있습니다.

행복해지는 나만의 습관이나 루틴을 만들어보는 건 어떨까요? 작게 할 수 있고, 바로 할 수 있는 것을 선택합니다. 불행의 기운이 깃들면 바로 행복 습관을 활용하는 겁니다.

예를 들어, 오렌지주스를 마실 때 기분이 좋아진다면, 행복해지고 싶을 때마다 오렌지주스를 마시는 겁니다. 힘들 때는 곧바로 행복의 길로 방향을 전환하기 위해 오렌지주스로 행복의 시작버튼을 누르는 겁니다.

그냥 기분에 당하고만 있어서는 안 됩니다. 내 기분은 내가 조절할 수 있다고 믿으면 됩니다. 그 어떤 것도 나의 허락 없이는 나를 좌지우지 할 수 없다고 되새겨보세요. 주변의 것들로 내가 흔들리지 않겠다고 각오를 다져보세요. 행복 습관을 하나, 둘, 셋 더 많이 만들어보세요.

- 우리는 행복을 선택할 수 있다.
- 그 어떤 것도 나를 흔들 수 없다.

자신감은
나에 대한 믿음에서 비롯한다

자신을 이 세상 누구와도 비교하지 마라.
만약 그런다면, 그것은 스스로를 모욕하는 것이다.

_ 빌 게이츠

성공의 비밀은 자신감이며
자신감의 비밀은 엄청난 준비다.

_ 조수미

다른 누군가가 되어서 사랑받기보다는
있는 그대로의 나로서 미움받는 것이 낫다.

_ 커트 코베인

내가 보기에 사람들은 엄청난 잠재력을 가지고 있다.
자신감을 갖기만 한다면 위대한 일을 해낼 수 있다.
하지만 대부분 그러지 못한다.
사람들은 TV 앞에 앉아 삶은 영원할 것이라 생각한다.

_ 필립 애덤스

누구도 본인의 동의 없이
남을 지배할 만큼 훌륭하지는 않다.

_ 에이브러햄 링컨

모든 사람은 경탄할 만한 잠재력을 가지고 있다.
자신의 힘과 젊음을 믿어라.
'모든 것이 내가 하기 나름이다'라고
끊임없이 자신에게 말하는 법을 배우라.

_ 앙드레 지드

우리가 자신감을 갖자고 말할 때 이 자신감이란 정확히 무엇일까요?

풀어서 말하자면, '나를 믿는 감정'이 됩니다. 즉, 내가 나를 믿는다는 의미가 됩니다. '자신감이 가득 찼다'라는 뜻은 내가 나를 완전히 믿는다는 뜻이 됩니다. '자신감이 바닥이야'라는 말은 내가 나를 믿지 못한다는 뜻입니다. 우리는 나 자신을 얼마나 믿고 있을까요?

내가 나도 못 믿는데 과연 남이 나를 믿어줄까요? 스스로를 믿을 때 남에게 당당하게 나설 수 있는 겁니다.

하지만 쉬운 일이 아닙니다. 근거 없는 자신감이라는 말도 있지만 보통 대부분의 사람은 근거 없이 자신감이 없습니다. 자신감이 넘쳐나는 사람은 소수입니다. '아, 남들도 다 그렇구나. 나만 자신이 없는 게 아니구나' 하고 용기를 가져보세요.

미국의 저명한 리더십 컨설턴트이자 스포츠 심리학자인 스탠 비첨은 자신감은 감정이 아니라 생각이라고 했습니다. 감정에 휘둘리지 않고, 의식적으로 생각할 수 있는 것이 자신감이라고 본 것입니다.

감정은 갑자기 찾아오지만 생각은 우리 스스로 할 수 있으니까요. 우리의 생각대로 자신감을 끌어올릴 수 있습니다.

전기 시스템을 발명한 니콜라 테슬라는 서명을 할 때 'GI'라고 했답니다. 'GI'는 Great Inventor, 위대한 발명가라는 뜻입니다. 그는 위대한 발명가가 되고 싶었기에 서명도 그렇게 했답니다. 스스로 최면을 건 것이지요. 자신감 높이기 위한 행동이었습니다.

- 자신감은 '나는 나를 믿는다'라는 뜻이다.
- 내가 나를 못 믿으면 남도 나를 믿지 못한다.
- 자신감은 감정이 아니라 생각이다. 생각은 우리 스스로 할 수 있다.

고민이 깊어질수록
실천하는 힘이 약해진다

고뇌 없이 정신적 성장이란 있을 수 없고
인생의 향상도 불가능하다.
고뇌는 살아가는 데 필수 불가결의 유익한 존재이다.

_ 랄프 왈도 에머슨

괴로움과 번민은
위대한 자각과 심오한 심정의 소유자에겐
언제나 필연적인 것이다.

_ 도스토옙스키

고민하면서 길을 찾는 사람들, 그들이 참된 인간상이다.

_ 파스칼

과거는 잊어버리고 다른 일에 몰두하자.
이것이 고민의 해결이다.

_ 잭 뎀시

지나치게 고민하거나 결정을 반복한다면
실천하는 힘을 약화시키는 결과를
초래하게 될 것이다.

_ 발타자르 그라시안

고민을 한다는 건 나쁜 것이 아닙니다. 문제가 무엇인지 살펴보고 그 해결책을 찾는 것이니까요. 앞으로 나아가려는 긍정적인 행동이니까요. 그런데 생각과 고민을 혼동하는 경우가 많습니다. 고민은 마음속으로 괴로워하는 것입니다. 그 괴로움을 해결하기 위한 것이 생각입니다.

고민을 하지 않으면서 살 수는 없습니다. 고민이 너무 깊어지는 것을 조심해야 합니다. 생각하고 또 생각할수록 고민의 늪에 빠져 헤어 나오지 못할 수도 있습니다. 고민은 짧을수록 좋습니다. 떨쳐낼 수 없다면 몸을 움직여서 머릿속을 비워내세요.

문제점만 꼬집어서 말하는 사람은 얄밉습니다. 하지만 문제점과 해결책을 동시에 말해주는 사람은 고맙습니다. 우리가 나아가야 할 방향입니다. 문제점만 안고 끙끙 앓으며 고민하지 말고, 해결책을 찾아보는 습관을 만들어봅시다.

고민으로 마음이 고통스럽다면 주위를 환기시키세요. 인생이 게임판이라면 우리가 마음대로 할 수 있는 일은 게임이 잘 풀리지 않을 때 자리에서 빠져나오는 것입니다. 게임이 잘 안 되는데 계속 시간과 돈을 소진할 필요가 없습니다. 일단 일어나서 그 자리를 벗어난 다음 바람을 쐬면서 주위를 환기시켜 보세요. 재충전을 한 뒤에 다시 임하면 됩니다.

- 고민을 하는 건 나쁜 일이 아니다.
- 고민 속에 너무 오래 머무르지 말고 해결책을 찾는 습관을 들이자.

마음이 무거울 땐
몸을 일으키자

운동을 위해 시간을 내지 않으면,
병 때문에 시간을 내야 할지도 모른다.

_ 로빈 샤머

운동을 하면 하루 종일 기분이 좋아진다.
그것은 마음을 맑게 해준다.

_ 레지 밀러

건강은 행복의 필수 원리다.
그리고 운동은 건강의 필수 원리다.

_ 제임스 톰슨

운동은 우리의 능력을 향상시키는 주요 원천이다.

_ 휴 블레어

큰 운동을 할 시간이 없더라도
아침과 밤에 스트레칭을 하면 정말 몸이 바뀐다.

_ 에린 헤더턴

걷기는 가장 좋은 운동이다.
아주 멀리 걷도록 습관화해라.

_ 토머스 제퍼슨

운동을 해야 한다.
그렇지 않으면 어느 순간 당신은 고장 날 것이다.

_ 버락 오바마

어릴 때는 이미 활동량 자체가 충분하기에 의무적으로 운동을 하지 않아도 됩니다. 하지만 점차 나이가 들면서 필수적으로 해야 할 것이 바로 운동입니다. 하지 않으면 몸여기저기가 아프고, 건강이 나빠지고, 돈도 많이 듭니다.

운동은 신체를 건강하게 해줄뿐더러 정신적으로도 유익합니다. 스트레스를 날릴 수 있고, 나쁜 감정을 날려버릴수도 있습니다. 땀을 쪽 빼면 상쾌해집니다. 주 3일 30분이상 운동을 하면 좋습니다.

우리의 뇌는 척수액에 담겨 있는데, 이 척수액은 뉴런을

튼실하게 해주는 영양 물질로 가득합니다. 사람이 나이가 들면 척수액의 영양 물질이 점점 줄어들어 뉴런도 시들해 집니다. 이때 운동을 하면 척수액을 최상의 상태로 유지할 수 있어 뇌의 노화도 막을 수 있습니다.

깊은 우울증에 시달리는 사람은 침대에서 일어나는 것 조차 힘듭니다. 한 발짝 내디딜 수 없을 정도로 무기력합 니다. 이런 우울증에 좋은 것이 운동입니다. 우울증을 극복한 한 환자는 그 비결이 '걷기'에 있다고 했습니다. 일단 나가서 걸었답니다. 처음에는 아주 조금밖에 걷지 못했지 만 매일 조금씩 걷는 양을 늘려서 후에는 하루에 만 보를 걸을 수 있었고, 우울증도 이겨냈다고 해요.

- 하루 30분씩 운동을 하자.
- 운동은 나쁜 감정을 날려버릴 수 있는 특효약이다.
- 운동은 몸과 마음에 도움을 준다.

나라는 존재를
느껴보는 시간

내면의 기쁨을 찾아라,
그 기쁨이 고통을 없애버릴 것이다.

_ 조지프 캠벨

인생은 거울과 같으니
비친 것을 밖에서 들여다보기보다
먼저 자신의 내면을 살펴야 한다.

_ 윌리 페이머스 아모스

음식을 먹는 중에 우리는 많은 생각을 합니다.
단지 음식만을 알아차리는 것입니다.
참으로 현존하려면 생각을 멈추어야 합니다.

_ 틱낫한

걷고 있는 나를 바라본다.
발바닥에 마음을 둔다.
걸으면서 내 마음을 본다.
내가 무엇에 끌리는지 알아차린다.
다시 걷기에 집중한다.

_혜봉

사람은 혼자 있을 때가 인생의 가장 중요한 때이다.
어떤 샘물은 우리가 혼자 있을 때만 솟아나온다.
예술가는 창작을 위하여,
작가는 사색을 위하여,
음악가는 작곡을 위하여,
그리고 성자는 기도를 위하여 혼자 있지 않으면 안 된다.

_피터 린드버그

눈은 우리 몸에 달려 있지만 나 자신을 볼 수는 없습니다. 스스로 볼 수 있는 건 기껏해야 손, 발, 몸 정도죠. 거울을 이용해야만 나를 온전히 볼 수 있습니다. 남을 보는 데 눈을 더 많이 사용합니다.

온전히 나 자신을 보는 것보다 다른 사람의 생김새, 입고 있는 옷, 가지고 있는 물건, 하고 있는 일을 더 많이 보게 되기 때문일까요? 우리는 가끔 나의 존재를 잊고 살기도 합니다. 남의 꿈이 제 꿈인 양 살고, 남의 기준이 제 기준인 양 착각하며 살고 있습니다. 우리는 자신을 바라봐주어야 합니다. 나답게 살고자 한다면 그래야 합니다. 내가 나에게 말하는 속삭임에 귀를 기울여야 하는 이유입니다.

명상을 하면 나 자신을 바라봐줄 수 있습니다. 눈을 감고 몸에 힘을 빼고 지금, 바로, 이곳에 있다는 것을 느껴보는 겁니다.

텔레비전, 게임, 유튜브를 끄고 자신만을 오롯이 바라봅니다. 집중이 되지 않으면 자신의 숨소리에 귀 기울여보세요. 들숨과 날숨을 의식해보세요. 그러면 마음이 차분히 가라앉습니다.

의식을 나에게 집중시키면 나를 객관적으로 바라볼 수 있는 힘이 생깁니다. 머릿속에 어떤 생각이 떠오르는 순간을 알아차릴 수 있게 됩니다. 그간 듣지 못했던 내면의 목소리를 듣게 됩니다.

그 소리가 나에게 무슨 말을 하는지 귀 기울여보세요.
점점 나답게 살 수 있게 될 겁니다. 살아가는 힘을 얻을 수
있을 것입니다.

- 나를 바라봐주는 시간을 갖자.
- 내면의 목소리에 귀 기울이자.
- 나를 객관적으로 살펴 나답게 살아보자.

남에게 사랑받으려고 애쓰는
나에게

내 신체에 감사하는 것은
자신을 더 사랑하는 열쇠임을
비로소 깨달았습니다.

_오프라 윈프리

당신에 대한 다른 사람의 의견은
실제 당신의 모습이 아니다.

_레스 브라운

당신은 몇 년 동안 스스로를 비난했지만
아무런 효과가 없었다.
자신에게 칭찬을 하면 어떻게 변할 수 있는지 확인해보자.

_루이스 L. 헤이

인생에서 가장 큰 행복은 사랑받고 있다는 확신,
좀 더 정확히는
내가 이런 사람임에도 사랑받고 있다는 확신이다.

_빅토르 위고

그저 맹렬하게
나 자신을 사랑해보라.
세상 사람들이 보고 배우도록.

_루디 프란시스코

누군가 나를 사랑해주기를 바라기보다는 내가 먼저 나를 사랑해주세요. 남에게 사랑을 갈구하는 것은 한계가 있습니다. 아무리 사랑하는 사람이 있어도 내 맘 같지 않기 때문입니다. 사랑을 받으려는 욕심이 상대에게 부담이 되기도 합니다.

남에게 먼저 사랑받으려는 마음은 공허할 수 있습니다. 항상 누군가에게 매달리게 되고, 삶의 중심이 내가 아닌 남에게 있습니다. 누군가가 사랑해주지 않으면 쓸모 없는 인생처럼 느껴지기도 합니다. 반드시 기억해야 할 것은 내 삶의 중심은 나에게 있다는 것입니다. 먼저 내가 나를 사랑하면, 남도 나를 사랑할 수 있습니다. 남에게 사랑받으

려는 마음으로부터 독립하여 혼자라도 굳건하게 살아갈
수 있는 힘을 갖게 됩니다.

개그우먼 이영자는 코미디언 시험에 연속으로 여덟 번
이나 떨어졌습니다. 시험장에서 나와 집에 돌아가는 길에
한강 다리를 걸으면서 이렇게 생각했답니다. '세상이 나를
인정하지 않으니 나라도 나를 위로해야겠다.' 세상이 나를
사랑해주지 않으니, 나라도 나를 사랑해줘야겠다고 생각
한 것입니다.

남으로부터 사랑받기 위해 몸부림치는 건 승률이 매
우 낮은 전략입니다. 내가 나를 먼저 사랑하는 건 승률이
100%입니다. 내가 나를 사랑하지 않는데, 내가 나를 내버
려두고, 관심도 가져주지 않고, 방치해두면, 남들도 나를
그렇게 대접합니다.

세상이 나를 몰라주더라도 나는 나를 알아줄 수 있습니
다. 세상이 나를 버렸더라도 나는 나를 버리지 않을 수 있
습니다. 나라도 가엾은 나를 사랑해주세요. 따뜻하게 안아
주세요. 내가 내 편이 되어주는 겁니다.

- 남에게 먼저 사랑받으려는 마음은 공허하다.

- 내가 나를 돌볼 때 남들도 나를 돌아보기 시작한다.

- 세상이 나를 사랑해주지 않으면 내가 나를 사랑해
  주자.

5장

오늘을
더 충실히 살게 하는 말

자유롭게
책 속을 거닐어보자

🍀

긴 하루의 끝에
좋은 책이 기다리고 있다는 생각만으로
그날은 더 행복해진다.

_캐슬린 노리스

한 문장이라도 매일 조금씩 읽기로 결심하라.
하루 15분씩 시간을 내면 변화가 느껴질 것이다.

_호러스 맨

내가 우울한 생각의 공격을 받을 때
나의 책에 달려가는 일처럼
도움이 되는 것은 없다.

_미셸 드 몽테뉴

한 시간 정도만 책을 읽어도
마음의 모든 고통이 사라진다.

_몽테스키외

쓸데없는 생각이 자꾸 떠오를 때는 책을 읽어라.
쓸데없는 생각은 비교적 한가한 사람들이 느끼는 것이다.
_ 윈스턴 처칠

당신은 책을 좋아하지 않을지도 모른다.
또한 당신의 생활은
부질없는 야심과 쾌락을 추구하는 데 바쁠지도 모른다.
그러나 세상은 당신이 생각하는 것보다 훨씬 광범위하다.
그 세계는 책에 의해 움직이고 있다.
_ 볼테르

책 속에 길이 있다는 말이 있습니다. 걱정거리, 고민거리, 잡념, 골칫거리들이 생길 때마다 책을 읽어보세요. 책 속에서 반드시 힌트를 얻을 수 있습니다. 여러분이 이 책을 읽게 된 이유이기도 하지요.

남들이 추천하는 책보다는 내가 읽고 싶은 책을 추천합니다. 그래야 힘을 얻을 수 있습니다. 웹툰도, 무협지도, 그 어떤 책이라도 좋습니다. 일단 읽어보는 겁니다.

독서는 혼자 있는 힘을 길러줍니다. 저자와 나만이 나누는 농밀한 대화입니다. 이런 대화를 방해받고 싶지 않아서 나중에는 혼자 있고 싶어지기도 합니다. 이런 경험이 많아질수록 혼자 있는 힘이 길러집니다. 혼자 잘 있을 수 있으면 세상을 살아가는 힘이 생깁니다.

최근 작고하신 한국의 석학 이어령 선생님은 '나비가 꿀을 딸 때처럼' 독서를 한다고 했습니다. 의무감으로 읽지 않고, 재미없는 부분은 뛰어넘고, 눈에 띄는 곳만 골라서 읽었다지요. 마치 나비가 꿀을 딸 때처럼 말이죠. 이처럼 자유롭게 재미를 찾아보면 됩니다.

- 책 속에 길이 있다.
- 내가 읽고 싶은 책을 읽자.
- 책을 읽으면 세상을 살아가는 힘이 생긴다.

결과만 바라보면
마음이 공허해진다

18년 동안 아마존을 성공으로 이끈 3가지 큰 전략이 있다.
그것은 고객을 우선 생각하고, 발명하고, 인내하는 것이다.

_제프 베조스

충분히 오랫동안 고수하기만 하면
원하는 어떤 일이든 할 수 있다.

_ 헬렌 켈러

천재성은 하늘이 주신 인내심이다.
천재성은 나 역시 가질 수 없지만
인내심은 모두가 가질 수 있다.

_ 우드로 윌슨

인내심을 가지고 기다릴 수만 있다면
결국 모든 일이 잘 될 것이다.

_프랑수아 라블레

인내하라.
무엇이든 처음에는 어렵지만
점점 쉬워지게 마련이다.
쉬워질 때까지 인내하라.

_ 사디

지혜로운 것은 훌륭한 일이다.
하지만 그보다 더 훌륭한 일은 인내하는 것이다.

_ 헤르만 헤세

세상의 속도는 날이 갈수록 더 빨라지는 것 같습니다. 변화의 속도에 맞춰 우리의 마음도 급해집니다. 택배가 하루만 지체돼도 참을 수 없습니다. 배달음식이 5분만 늦어도 화가 납니다. 우리의 마음이 삭막해졌어요.

2시간 동안의 긴 영화도 보기 힘들어 합니다. 10초에서 30초 정도 분량의 짧고 자극적인 영상에 길들여져 있기 때문이죠. 콩이 된장이 되려면 숙성의 시간이 필요한데, 우리도 마찬가지인데 자꾸만 건너뛰고만 싶습니다. 과정을 즐기지 못하고 결과물만 빨리 나오길 기대합니다.

빨리 돌아가는 세상은 우리에게 과정의 재미를 잃도록 만들었습니다. '과정 상실의 시대'에 살고 있다고 해도 과언이 아닙니다. 봄의 꽃을 보고 싶으면 겨울의 과정을 반드시 겪어야 하는데, 겨울은 싫고 봄만 빨리 왔으면 합니다. 이 또한 과정의 상실입니다.

결과물만 도출하고 싶어 하는 마음은 삶을 공허하게 만듭니다. 과정을 즐기지 못한다면 결과 또한 제대로 맛볼 수 없습니다. 결과물이 기대에 미치지 못했을 때의 상실감도 더 큽니다. 과정에 재미를 붙여 즐기는 연습을 시작해 봅시다.

- 느긋하게 기다리자.
- 결과보단 과정에서 재미를 느끼자.
- 영리하게 과정의 단맛을 즐기자.

할 수 있다는 것만
생각하자

새롭고 적절하며 헌신적인 결정을 내리는 순간
당신의 인생은 달라집니다.

_ 토니 로빈스

자신이 선택하고 결정할 일을 스스로 하지 않으면
누군가가 대신 그 선택과 결정을 해줄 것이다.

_ 로널드 레이건

결단을 내리지 않는 것이야말로
최대의 해악이다.

_ 데카르트

미리 실패를 두려워할 것은 없다.
성공은 하늘에 맡기면 된다.

_ 버트런드 러셀

우유부단함이 습관화 되어 있는 사람보다
더 비참한 사람은 없다.

_윌리엄 제임스

큰 프로젝트를 실행하거나 중요한 결정을 내려야 할 때 두렵습니다. 그 여파가 크기 때문이죠. 인생이 달린 일일 땐 더욱 그러합니다. 깊게 생각하고 여러 번 고찰해서 선택을 합니다. 그런데 아주 사소한 문제에서도 결정을 내리지 못하고 시간을 너무 많이 쓰는 경우도 있습니다.

'오늘 점심은 무얼 먹을까? 오늘 뭐 먹을래? 뭐 할래?' 같은 간단한 일도 선뜻 결정하기 어렵습니다. 자신도 잘 모르는 거예요. 선택하기 귀찮아서 남이 결정해주었으면 하는 마음도 있습니다. 이것이 습관이 되면 어떻게 될까요?

대문호 괴테는 결단에는 힘이 숨어 있다고 했어요. 할 수 있는 것, 할 수 있다고 생각이 드는 것을 바로 시작하라고 했습니다. 그러면 그 일을 능히 이루도록 만들어주는 마법의 힘이 결단에는 숨어 있다는 것입니다. '매일 운동하기'로 했으면 '운동하지 않는다는 생각조차 하지 않는' 마음을 가져보세요. 결단대로 쭉 밀고 나가는 겁니다.

- 결단을 내리는 것은 오로지 나 자신이다.
- 선택했으면 그대로 밀고 나가야 한다.

습관이
인생을 만든다

꿈을 이루지 못한 사람들은
"나는 재능이 없었어"라고 말한다.
꿈을 이루지 못한 이유가 재능이 없었다는 것이라면
꿈을 이룬 사람들은
모두 "재능이 있었다"라고 대답하는 것이 맞겠지만
성공한 사람 중에 그런 대답을 한 사람은 한 명도 없다.
꿈을 이룬 사람들은
"정말로 하고 싶었던 일을 열정을 가지고 계속했을 뿐이다"
라고 말한다.

_기타가와 야스시

앞으로 나가는 비결은
우선 시작하는 것이다.

_마크 트웨인

인생의 계획은 젊은 시절에 달려 있고
1년의 계획은 봄에 있으며
하루의 계획은 아침에 달려 있다.

_ 공자

참다운 열정이란 꽃과 같아서
그것이 피어난 땅이 메마른 곳일수록
한층 더 아름답다.

_ 발자크

꿈은 잃어버리는 것이 아닙니다.
취미라는 이름으로도 길러지는 것입니다.

_ 래리 페이지

무턱대고 '열정을 가져라'라고 하는 것만큼 잔인한 일도 없습니다. 누구나 열정적인 사람이 되고 싶습니다. 열심히 살고 싶고, 성공하고 싶고, 돈도 많이 벌고 싶은데 소망에 상응하는 열정을 품기가 어렵습니다. 당연합니다. 열정은 억

지로 생겨라, 해서 생기는 것이 아니니까요. 열정은 어느
날 갑자기 오게 됩니다. 꿈과 함께 말이죠.

꿈이 생기면 자동으로 열정적인 사람이 됩니다. 꿈이라
는 휘발유를 부어야 열정이 활활 타오릅니다. 꿈을 만나지
못했기에 열정이 식어버린 것입니다. 그럼 꿈은 뭘까요?
'내가 좋아하는 일'이 꿈입니다. 그걸 찾기만 하면 됩니다.
꿈은 거창한 것이 아닙니다. 나와 궁합이 찰싹 맞고, 나에
게 딱 떨어지는 성질의 것입니다.

즉, 나를 나로 만들어주는 그것이 바로 꿈입니다. 모든
사람의 꿈이 의사이지 않고, 모든 사람의 꿈이 대통령이지
않은 이유입니다. 나에게 맞는 것, 그게 바로 꿈입니다.

열정적으로 살고 싶다면 먼저 꿈을 찾아보아야 합니다.
자신이 잘하는 것과 자신이 하고 싶은 것 사이에서 갈등해
보는 겁니다. 꿈에 대해 고민해보는 시간이 필요합니다. 그
런 고민 없이는 꿈은 오지 않습니다.

열정이 생기면 며칠은 정말 활활 타오릅니다. 그러나 곧
식어버리고 끝까지 열정적이지 못한 자신을 자책하는 악
순환에 접어듭니다. 다시 각오를 다지고 열정을 불태워보

지만 도로 곧 식어버립니다. 결국 '나는 안 된다'라는 패배 감에 젖어 열정 없는 인생을 살게 됩니다.

그래서 열정이라는 단어 대신 '습관'이란 단어가 더 낫습 니다. 습관은 열정을 불태울 필요가 없습니다. 좋은 습관을 하나 장착해놓으면 시간이 흘러 흘러 내 편이 되어 언젠가 는 내 꿈을 이루어주기 때문입니다. 습관은 자동입니다. 자 동으로 내 꿈을 향해 내가 가고 있는 겁니다. 열정적일 필 요가 없습니다. 힘을 뺄 필요가 없습니다. 습관만 잘 들여 놓으면 자동으로 목적지까지 가는 자율주행 자동차를 타 는 것입니다.

- 꿈을 먼저 찾자.
- 꿈을 이루기 위한 습관을 만들자.
- 습관대로 살면 자동으로 열정적인 사람이 된다.

도움을 주고받으면
더 멀리 갈 수 있다

전화해서 도움이 필요하다고 말했을 때 이를 거절한 사람은
한 명도, 단 한 명도 없었습니다.
그런데도 사람들은 전화를 걸지 않아요.
대부분의 사람은 요구하거나 요청하려 하지 않지요.
그것이 무언가를 이루어내는 사람과
그저 꿈만 꾸는 사람의 차이이기도 합니다.

_스티브 잡스

도움이 될 만한 사람과 함께 하라.
누군가와 함께 하면 포기하지 않는다.

_윌리엄 메닝거

편견과 관습의 도움 없이는
방을 가로질러 내 길을 찾아갈 수 없다.

_윌리엄 해즐릿

그 어떤 것에서라도 내적인 도움과 위안을 찾을 수 있다면
그것을 잡아라.

_ 발자크

소심한 요청은 거절을 부른다.

_ 세네카

우는 아이 떡 하나 더 준다는 말이 있습니다. 직장에서도
'월급 같은 건 알아서 올려주겠지'라며 가만히 있는 사람보
다는 월급을 올려달라고 어필하는 사람을 챙깁니다. 도움
이 필요하면 도와달라고 요청해야 합니다. 이건 비굴한 게
아니니까요.

'알아서 누군가 해주겠지'라고 생각하는 것은 어쩌면 오
만이라고 할 수 있습니다. 아무 표현도 하지 않으면서 '내
가 너 사랑하는 거 알지?'라고 하는 것과 같습니다. 힘들면
힘들다고 도움을 요청하고 받아보세요.

도움을 받는 것은 절대로 부끄러운 일이 아닙니다. 세상

의 아무리 위대한 리더도 혼자의 힘만으로는 나라를 이끌어 갈 수 없습니다. 누군가 도와주어야 합니다. 그러니 이제부터라도 도움받는 걸 꺼리지 마세요. 오히려 적극적으로 도와달라고 해야 합니다.

내 일을 남에게 미뤄서는 안 되겠죠. 하지만 정말 힘들고 벅찰 땐 요구해야 합니다. 마음이 상하는 일이 있을 때도 요구해야 합니다. '내가 힘들다, 네 말에 내 마음이 아프다'라고 말해야 합니다. 마음이 아프니까 도와달라고 말해 보세요. 그때야 비로소 많은 사람이 '알아서' 당신을 도와줄 거예요.

- 도움이 필요하면 적극적으로 요청하자.
- 세상은 더불어 사는 것이다.
- 내가 도움을 요청하지 않으면 아무도 알지 못한다.

'그럼에도 불구하고'
감사하는 것의 힘

아침에 일어날 때마다
할 일이 있음에 감사하라.

_ 찰스 킹슬리

감사는 결코 졸업이 없는 과정이다.

_ 발레리 앤더스

감사하는 마음을 가지면 부가 생기고,
행복으로 가는 문을 열어준다.

_ 존 템플턴

모든 것을 감사하면 불평은 사라진다.

_ 헬렌 켈러

세상에서 가장 쓸모없는 인간은
감사할 줄 모르는 인간이다.

_ 괴테

감사는 최고의 항암제요, 해독제요, 방부제다.

_ 존 헨리

긍정적으로 살 수 있는 가장 강력한 방법이 있습니다. 감사하는 것입니다. 감사하면 저절로 마음이 긍정으로 가득 찹니다. 작은 것에 감사하고, 이미 가진 것에 감사하고, 앞으로 가질 것에 감사해보세요.

감사에 더 강력한 힘을 부여하는 방법도 있습니다. '그럼에도 불구하고 감사하기'입니다. 좋은 것에 감사하는 것은 누구나 할 수 있어요. 뜻대로 되지 않을 때도 감사해보세요. 그러면 불행이라고 생각했던 것도 긍정적으로 받아들일 수 있게 됩니다. 감사에는 힘이 있습니다.

늘 행복하게 살고 싶다면 늘 감사하는 마음을 가지면 됩니다. 행복은 멀리 있지 않습니다. 늘 가까운 곳에 있는데 우리가 못 볼 뿐입니다. 한번 주위를 돌아 감사거리를 찾아보세요. 생각보다 많이 보일 것입니다.

이어령 교수는 이렇게 말했어요. 감사하는 마음은 남에게 보내는 감정이 아니라, 자기 자신의 평화를 위한 것이라고요. 감사하는 행위는 벽에 공을 던지는 것처럼 자신에게 돌아온다고 했죠. 감사하는 행위는 결국 모두를 행복하게 해주는 마법입니다.

- 감사하면 저절로 긍정적이 된다.
- 그럼에도 불구하고 감사하자.
- 감사는 모두를 위한 일이다.

만족의 선을
정하자

사람들은 행복을 찾아 세상을 헤맨다.
사실 행복은 누구의 손에라도 잡힐 거리에 있다.
그러나 마음속에 만족이 없어 행복을 얻을 수 없다.
_ 호라티우스

만족은 결과가 아니라 과정에서 온다.
_ 제임스 딘

탐욕의 진정한 해결책은 만족입니다.
_ 달라이 라마

작은 것에 만족하지 못하는 사람은
그 어떤 것에도 만족할 수 없는 사람이다.
_ 에피쿠로스

행복이란 자기 자신에게 만족하는 사람의 것이다.
_ 아리스토텔레스

족함을 모르는 사람은 부유하더라도 가난하고
족함을 아는 사람은 가난하더라도 부유하다.
_석가모니

욕심을 부리는 것이 꼭 나쁜 것만은 아닙니다. 욕구, 욕망,
욕심이 삶의 원동력이 되어주기도 합니다. 그러나 그 욕심
이 허황되고, 터무니없고, 남을 배려하지 않는 것이라면 만
족의 상태와는 거리가 점점 멀어집니다. 행복과도 거리가
먼 삶을 살게 됩니다.

욕심을 버리고 살면 어떻게 될까요? 하고 싶은 것을 하
지 말기. 먹고 싶은 것을 먹지 말기. 보고 싶은 것을 보지 말
기. 듣고 싶은 것을 듣지 말기. 과연 행복할까요? 욕심을 버
린다고 해서 꼭 행복하지만은 않을 것 같습니다. 그러면 우
리는 어떻게 살아야 할까요?

욕망을 부리되, 적정선에서 만족이 필요합니다. 적절한

욕심은 삶의 활력소가 됩니다. 적극적이고 능동적이 됩니다. 대신 적정한 선을 그려놓으면 좋겠습니다. '그래, 이 정도면 됐다' 하는 그런 선 말이죠. 그 선이 바로 만족입니다. 어느 정도에 이르러서 만족할 줄 알아야 합니다. 그렇지 않으면 갈증을 풀려고 자꾸 바닷물만 들이키는 꼴이 됩니다.

욕망한 대로 다 이루어지면 끝없이 욕망해도 좋습니다. 그러나 인생은 그렇지 않죠. 그래서 타협을 해야 합니다. '적정선까지만!'

전 세계에서 6천만 부나 판매된 베스트셀러 《인간관계론》의 저자이자, 자기계발의 대가로 불리는 데일 카네기는 사실 소설가가 되는 게 꿈이었습니다. 토머스 하디 같은 위대한 소설가가 되고 싶다는 생각으로 2년간 열심히 노력했지만 실패했습니다. 그 후에는 성공적으로 인생을 살아가는 방법에 대한 강좌를 열었습니다. 결과는 엄청난 성공이었습니다. 다른 문을 열어본 거예요.

그는 말합니다. 자신이 소설을 포기하고 다른 결정을 한 것에 만족한다고 말이죠. 그런 경험을 토대로 다른 문을 열었을 때 또 보탬이 되었거든요. 노력한 자신을 칭찬해주고 그 노력에 만족하고 다른 문을 살짝 열어 다시 또 노력해보세요. 그간 했던 노력이 헛되지 않을 겁니다. 다른 문에 들어가서 써먹을 수 있습니다. 노력은 버릴 게 없습니다. 노력에 만족해보세요.

- 욕심이 많으면 행복과는 멀어진다.
- 행복은 만족에 있다.
- 내가 노력했다는 것에 만족해보자.

웃는 법을 잊어버린
삶이라면

웃음은 얼굴에서 겨울을 몰아내는 햇살과 같다.
_ 빅토르 위고

웃음은 근심 없는 혼의 자연스러운 표현이다.
_ 데일 카네기

웃음은 강장제이고, 안정제이며, 진통제다.
_ 찰리 채플린

나는 나를 웃게 하는 사람들을 사랑한다.
솔직히 내가 가장 좋아하는 것은 웃는 것이다.
웃음은 수많은 질병을 치료해준다.
웃음은 아마도 사람에게 가장 중요한 것이리라.
_ 오드리 햅번

인류에게는 정말로 효과적인 무기가 하나 있다.
바로 웃음이다.
_ 마크 트웨인

웃으면 복이 옵니다. 웃음 속에는 행복이 있습니다. 아름다운 세상을 그릴 때 우리는 자신도 모르게 웃습니다. 즐겁고, 기쁘고, 행복할 때 우리는 웃게 됩니다. 태어나서 죽을 때까지 늘 웃고만 싶습니다.

그런데 우리는 시간이 흐를수록 웃는 법을 잊고 살아갑니다. 웃는 모습이 어색하고, 이제는 어떻게 웃어야 할지도 모르겠습니다. 세상살이라는, 밥벌이라는 무게에 짓눌려 그렇게 되어버렸습니다. 웃음을 되찾을 방법은 없을까요?

미시간주립대학교 브렌트 스캇 교수는 버스 운전자들을 상대로 2주간 한 가지 실험을 했습니다. 운전자들에게 억지웃음을 지으며 손님을 맞도록 요구한 뒤, 그들의 마음과 업무능률에 어떤 변화가 있는지를 살펴보았습니다. 실험이 끝난 뒤 운전자들은 우울해졌고, 업무능률은 떨어졌습니다. 퇴사율도 높아졌고요. 웃음이 좋다는데 왜 이런 결과가 나왔을까요? 누가 시켜서 했기 때문입니다.

억지웃음이라도 본인 '스스로' 웃어야지, 명령에 의한 웃음은 그 효과를 보지 못했던 것입니다. 따라서 누가 시키기 전에 '스스로' 억지로라도 웃어보세요. 스스로 먼저 웃으면 진짜 웃음이 될 수 있습니다.

- 웃음은 사람에게 가장 중요하다.
- 먼저 웃으면 행복이 따라온다.

나에게 맞는
행복을 찾자

어떤 삶을 살고 있더라도
당신은 행복해질 권리가 있습니다.
그러나 남의 불행 위에
내 행복을 쌓지는 마세요.

_법륜

순간에 행복하십시오. 그것으로 족합니다.
우리에게 필요한 것은 오직 매 순간뿐,
그 이상도 그 이하도 아닙니다. 지금 행복하십시오.

_마더 테레사

인간은 자신의 행복의 창조자다.

_헨리 데이비드 소로

사람은 행복하기로 마음먹은 만큼 행복하다.

_에이브러햄 링컨

남을 복되게 하면 자신이 행복해진다.

_ 요한 글라임

인간은 자신이 행복하다는 것을 알지 못하므로
불행한 것이다.

_ 도스토옙스키

행복은 우리 자신에게 달려 있다.

_ 아리스토텔레스

행복하게 살기 싫은 사람은 없을 겁니다. 모두 다 행복하게
살고 싶어 합니다. 우리가 사는 이유는 태어났기 때문이 아
니고, 행복하기 위해서입니다. 많은 사람이 행복을 추구하
는데, 그 방법을 모릅니다. 그저 돈을 많이 벌면, 출세를 하
면, 사회적으로 이름을 알리면 행복해질 거라 생각합니다.
남들이 그러니까 그런 줄 압니다. 남의 행복을 나의 행복인
줄 알고 있습니다. 하지만 행복해지려면 먼저 내가 누구인
지 알아야 하고, 그것을 바탕으로 해서 나에게 맞는 행복이

무엇인지 찾아야 합니다.

사람마다 얼굴과 지문이 다르듯이 행복의 기준도 각자 다릅니다. 자신의 가치와 철학에 맞는 삶이 진정으로 행복한 삶입니다. 나의 가치관과 철학관은 무엇일까요? 나는 어떤 사람일까요? 무엇을 좋아하고 무엇을 싫어하나요? 어떤 일을 했을 때 뿌듯하던가요? 어떤 상상을 했을 때 기쁜가요?

우리는 때때로 너무 거창한 것을 행복이라고 생각하기도 합니다. 사소한 것에 감사할 줄 모른다면 행복도 잠시 머물다 갈 뿐 오래도록 우리 곁에 있어 주지 않습니다. 세상일이 늘 거창하지만 않습니다. 늘 사소하고, 늘 반복되는 일로 가득 차 있지, 늘 화려하고 늘 거창하지 않습니다. 따라서 작은 것에 감사하는 마음을 지닐 줄 알아야 합니다. 우리가 늘 마시는 공기에 대한 고마움, 저녁놀의 아름다움에 대한 고마움, 일할 수 있는 건강에 대한 고마움 등을 생각할 때 행복도 서서히 깃드는 것입니다.

남을 기쁘게 하는 것에도 상당한 행복이 숨어 있습니다. 나만 좋자고 사는 것보다 더 나아가 남을 돕는 삶을 살면 행복이 뒤따릅니다. 나의 도움으로 상대가 웃을 때의 행복감을 만끽해보세요. 나의 선행으로 상대가 감사할 때의 모습을 그려보세요. 나의 작은 도움이 어느 누군가에게 힘이 된다는 것을 깨닫는다면, 굉장히 넓고 깊은 행복감을 맛볼 수 있습니다. 받는 기쁨보다 주는 기쁨이 더 행복하다는 것을 조금씩 경험해보면 어떨까요?

- 우린 행복하기 위해 태어났다.
- 작은 것에 행복할 줄 알아야 큰 것을 누릴 자격이 있다.
- 남을 기쁘게 하는 것에도 행복이 숨어 있다.

작은 것에 기뻐하는 마음이
매일을 바꾼다

기쁨은 힘이다.
기쁨은 사랑이다.
기쁨은 영혼을 붙잡을 수 있는 사랑의 그물이다.
_마더 테레사

우리가 기뻐하고 행복해할 때 하는 일도 잘 되고
사람들도 우리 곁에 머물러 있고 싶어 한다.
_앤드류 매튜스

살아 있음을 기뻐하라.
삶이 있기 때문에 비로소 사랑할 수 있고,
일할 수 있고, 별을 바라볼 수 있기 때문이다.
_헨리 반 다이크

작은 일에도 최대한 기뻐하라.
주변의 모든 사람이 덩달아 기뻐할 정도로 즐겁게 살아라.
_니체

기쁘게 일하고
해놓은 일을 기뻐하는 사람은 행복하다.

_ 괴테

기쁨을 나중으로 미뤄두지 않았으면 합니다. 지금 가지고 있는 것에 기쁨을 느껴보면 어떨까요? 지금 이 시간은 한번 지나가면 다신 오지 않는데, 자꾸 현재의 기쁨을 미래로만 밀어놓고 사는 건 아닌지요?

로또에 당첨이 되어 큰돈을 받으면 엄청나게 기쁠 겁니다. 큰 집으로 이사를 해서 사는 것도 큰 기쁨일 거예요. 그렇지만 그 기쁨이 오래가지는 않습니다. 왜냐면 더 큰돈을 갖고 싶고, 더 큰 집을 원하게 되기 때문입니다. 또 미래에서 기쁨을 찾게 되는 것이지요.

이미 가지고 있는 것에서도 충분히 기쁨을 얻을 수 있습니다. 그래야 삶을 이길 수 있습니다. 현실이 비참해도 그 안에서 충분히 기뻐할 만한 것을 찾아보세요. 큰 것에만 기뻐하면 정말 기쁠 일이 없을 겁니다. 작은 일에 기뻐할 줄 알면 매일매일이 기쁨으로 가득 찰 것입니다. 그것이 행복으로 가는 지름길입니다.

- 기쁨을 나중으로 미루지 말자.
- 작은 기쁨을 누릴 줄 알아야 큰 기쁨도 누릴 수 있다.
- 매일 기쁨을 만들자.

6장

마음의 지도를 넓혀주는
통찰의 말

지금 있는 곳에서
중심을 되찾는 법

나무는 꽃을 버려야 열매를 맺고
강물은 강을 버려야 바다에 이른다.
_ 화엄경

고난은 잠자던 용기와 지혜를 깨운다.
우리는 오직 고난을 통해 성숙할 수 있다.
_ 스콧 펙

사람이란 자기가 생각하는 만큼
결코 행복하지도 불행하지도 않다.
_ 라 로슈코프

그대 자신을 존경하라.
_ 피타고라스

삶은 공평하지 않다.
다만 죽음보다는 공평할 뿐이다.

_ 윌리엄 골드먼

마음의 평화를 원한다면
자신의 생각과 싸움을 그치기를.

_ 피터 맥윌리엄스

살아가다 보면 느닷없이 닥쳐오는 일로 인해 마음의 평화
가 깨지기 일쑤입니다. 늘 평안하게 살 수는 없다는 것을
인정하는 자세가 중요합니다. 어떻게 대비를 할지, 대처를
할지 고민하고 계획을 세우는 게 더 낫겠죠.

우리는 종종 갈피를 잡지 못하는 마음을 다스리기 위해
멀리 떠나기도 합니다. 속세를 떠나 산으로 들어가 며칠 쉬
었다 오기도 하고, 여행을 떠나 현재 나를 괴롭히던 상황과
생각을 떨쳐내고 돌아오기도 합니다. 그러나 다시 번뇌에
휩싸일 수도 있어요. 마음의 평안을 얻기 위해서는 지금 있
는 곳에서 정면돌파를 하는 편이 낫습니다.

역경이 찾아오면 분명 마음의 중심이 흔들리기 마련입니다. 이때 요동치는 마음의 파도를 가라앉히고 평온의 궤도에 자신을 놓기 위해서 명상을 하는 것도 좋은 방법입니다. 명상은 마음을 편하게 만들어줍니다. 바로 따라 해볼 수 있는 손쉬운 명상법이 있습니다. 상자 호흡법 혹은 전술적 호흡법이라고 해서 간단히 시작할 수 있습니다.

4초 동안 코로 숨을 들이마신다
4초 동안 숨을 멈춘다
4초 동안 입으로 숨을 내쉰다
4초 동안 숨을 멈춘다

네모난 상자를 손으로 그리면서 호흡해보세요. 4초 동안 가로로 선을 그으면서 숨을 들이마시고, 세로로 선을 그으면서 숨을 멈춥니다. 다시 가로로 선을 그으면서 숨을 내쉬고, 세로로 선을 그으면서 숨을 참습니다. 마음이 안정될 때까지 해보세요.

• 마음의 평화는 느닷없이 깨질 수 있다.

- 내가 지금 있는 곳에서 정면돌파하자.
- 4초 동안 명상을 해보자.

비옥한 토양처럼
겸손한 사람

무례함이란 약자가 강한 척하는 것이다.

_ 에릭 호퍼

겸손한 사람은 모든 사람으로부터 호감을 산다.
우리는 누구나 모든 사람으로부터
호감을 사는 사람이 되고 싶어 한다.
그런데 왜 겸손한 사람이 되려고 노력하지 않는 것일까?

_ 톨스토이

겸양은 천국의 문을 열고, 굴욕은 지옥의 문을 연다.

_ 파스칼

칭찬받을 때가 아니라 꾸지람을 들었을 때에
겸양함을 잃지 않는 사람이 있다면,
그 사람은 참으로 겸양한 것이다.

_ 장 파울

자만심은 우리를 거짓되게 만들지만,
겸손함은 우리를 진실하게 만든다.

_ 토머스 머턴

겸손해져라.
그것은 다른 사람에게
가장 불쾌감을 주지 않는 종류의 자신감이다.

_ 쥘 르나르

겸손은 영어로 Humility라고 합니다. 이는 라틴어 Humus에서 나온 말입니다. Humus는 비옥한 토양이라는 뜻이에요. 토양은 모든 식물의 뿌리를 감싸고 수분과 양분을 제공합니다. 싹을 틔우게 하고 열매를 맺게 합니다. 땅에서 난 것을 먹고, 땅에서 살아가는 사람에게는 없어서는 안 될 필수 요소입니다. 그런데도 토양은 우리의 발밑에 있습니다. 가장 낮은 곳에서 가장 중요한 것을 전해주는 존재인 것입니다. 이러한 점을 반영한 말이 겸손입니다. 겸손한 사람은 묵묵히 자신의 일을 해내면서도 그것을 자랑하거나 내세우지 않습니다. 타인에 대한 존중과 배려를 우선으로 하는 것입니다.

그런데 이 겸손이 지나쳐서 나라는 사람을 낮추는 자세가 되어버리는 경우도 많습니다. 아는 것도 모르는 척해야 하는 줄 알고, 스스로를 드러내야 할 때도 애써 감추면서 그런 게 겸손이라고 생각했었지요. 당당하게 자신의 의견을 내보이는 것은 겸손하지 못한 행동이라고 생각하기도 했습니다. 겸손은 그런 것이 아닙니다. 겸손하다는 것은 자존감이 낮은 것이 아닙니다.

이해인 수녀님은 겸손에 대해서 이렇게 말씀하셨어요. 자기 자신을 비하하고 못났다고 한탄하는 것이 아니라 삶에 대해 감사하고, 사람에 대한 예의를 충실히 지키며, 어떠한 경우에도 남을 무시하지 않는 따뜻함이라고 했습니다. 더 큰 선을 위해서 자신을 내려놓을 줄 알고, 다른 사람을 살리기 위해서라면 조금 손해를 보더라도 감행할 줄 아는 그런 너그러움이라고 말씀하셨어요.

연세대학교 언론홍보영상학부 김주환 교수는 겸손도 상황에 따라 다른 영향을 미친다고 말했습니다. 서로 잘 아는 사이에서는 절대로 잘난 척을 해서는 안 되며 겸손해야 하지만, 모르는 사람을 만났을 때는 겸손한 태도를 보이기보다 자신을 내보임으로써 사랑과 존경을 받을 수 있다고 했습니다. 겸손이 지나쳐 자기비하적으로 흐르면 상대방에게 신뢰를 심어주기 어렵습니다. 전반적으로는 겸손한 분위기로 가되, 자기비하는 조심해야 합니다.

- 겸손과 자기비하를 구분하자.
- 겸손은 남에게 매우 예의 있는 태도이며 배려다.
- 겸손도 상황에 따라 다른 영향을 미친다.

누군가에게
도움을 주는 기쁨

조건 없이 진심으로 주면
주는 만큼 다시 받게 됩니다.

_디팩 초프라

세상은 자기 이익만을 추구하는 사람들로 넘쳐난다.
그렇기에 오히려 이타적인 마음으로 타인을 도우려 노력하는
극소수의 사람들이 압도적으로 유리하다.
경쟁 상대 또한 드물어 수많은 기회가 주어진다.

_데일 카네기

나는 인생을 살아가면서 작은 도움을 제공함으로써
뜻하지 않은 감사를 받는 큰 기쁨을 여러 번 경험했다.
딱한 처지에 있는 사람에게 베푼 약간의 관심과 친절은
나중에 큰 보답으로 돌아온다.
보답을 받으리라고 생각지도 못한 일이기에
그 보답은 더욱 크게 느껴진다.

_앤드류 카네기

내 재물로 어려운 사람을 도우면
흔적 없이 사라질 재물이
받은 사람의 마음과 내 마음에 깊이 새겨져
변치 않는 보석이 된다.

_ 정약용

늘 기분 좋게 인생을 살아가기 위한 요령은
타인을 돕거나 누군가의 힘이 되어주는 것이다.
그것으로 존재의 의미를 실감하고
순수한 기쁨을 누릴 수 있다.

_ 니체

개인은 홀로 존재하지만 공동체의 일원이기도 합니다. 나
로서 존재해야 하기도 하지만 어울려 살아야 하기도 하는
것이지요.

더불어 잘 살아야 나도 잘 살 수 있습니다. 인류가 집단
을 이루어서 산 이유가 다 있습니다. 그렇게 살아야 잘 살
수 있었습니다. 아무리 혼자 잘나봤자 살아남을 수 없었기

때문이죠.

　남을 돕는 일은 결국 나를 돕는 일이 됩니다. 우리가 서로서로 돕고 살면 사회는 더욱 강력한 힘을 얻고 그것이 결국 개인적으로도 보탬이 됩니다. 강은 자신의 물을 마시지 않고, 나무는 자신의 열매를 먹지 않습니다. 태양은 스스로 자신을 비추지 않고, 꽃은 자신을 위해 향기를 퍼뜨리지 않습니다. 남을 향해 있는 것이 자연의 법칙입니다. 우리는 모두 서로 돕기 위해 태어난 것입니다.

- 우리는 홀로 살 수 없다.
- 서로 도우며 살아야 한다.
- 그것이 자연의 법칙이다.

넉넉한 마음이
사람들을 연결해준다

양보와 세심한 이해가 없이는
사랑을 꾸준히 지켜 나갈 수 없다.
_ 오 메이신

먼저 양보하고 먼저 배려하는 사람이
결국 더 많은 것을 얻게 된다.
_ 애덤 그랜트

겸손과 양보는 인격을 완성하는 데 있어서
절대적으로 필요한 양식이다.
_ 존 러스킨

겸허하게 양보하는 마음은 예의 근본이다.
_ 정약용

양보가 때로는 성공의 가장 좋은 방법이 되기도 한다.
_ 영국속담

자신에게는 엄격하고 남에게는 관대한 자세를 가져라.

_공자

내가 먼저 길을 건너가고, 내가 먼저 가지면 기분이 좋을 것 같지만 실은 그렇지 않습니다. 하지만 양보를 하면 상냥한 미소와 감사의 인사를 받을 수 있습니다. 내가 지는 것 같지만 마음이 넉넉해집니다.

양보는 먼저 주고 나중에 받는 겁니다. 먼저 받고 나중에 주는 것은 계산적인 태도입니다. 이런 계산적인 태도라면 플러스알파가 붙지 않습니다. 10을 받았으면 딱 10을 주게 되어 있습니다. 아득바득 이기려고 하기보다는 넉넉한 마음으로 남에게 베풀면 내가 10을 주어도 10 이상을 받을 수 있습니다.

양보하는 것이 당장은 지는 것 같아 보여도 결국에는 승리하는 방법입니다. 양보하는 사람이 모자란 사람처럼 보여도 나중에는 더 큰 사람이 됩니다. 양보해서 손해 볼 것 같지만 그렇지 않은 경우가 더 많습니다. 양보하는 마음으로 살면 조급함이 사라지고 여유롭게 살아갈 수 있습니다.

- 먼저 가지면 좋을 것 같지만 그렇지 않다.
- 양보는 먼저 주고 나중에 더 크게 받는 것이다.
- 져주는 게 이기는 거다.

더 많은 것을
사랑하며 살자

우리는 사랑할 때 가장 생기 있다.

_ 존 업다이크

진정한 사랑은 그럼에도 불구하고 사랑하는 것이다.
내 마음에 맞는 부분 이외에
내 마음에 맞지 않는 부분이 있더라도
그것들을 모두 풀어줄 수 있을 때
좋아하는 감정이 사랑이 되는 것이다.

_ 혜민

깊이 사랑하는 사람들은 늙지 않는다.
그들은 노쇠해서 죽더라도 젊게 죽는다.

_ 도로시 캔필드 피셔

사랑은 인간 생활의 최후의 진리이며 최후의 본질이다.

_ 찰스 슈왑

누군가를 사랑한다는 것은 자신을 그와 동일시하는 것이다.

_ 아리스토텔레스

우리는 성인군자가 아닙니다. 하여 원수를 사랑할 수는 없지만 연약하고 가엾은 것을 보듬어주고 사랑할 수 있습니다. 가족과 연인을 사랑할 수 있습니다. 나무, 하늘, 꿈도 사랑할 수 있습니다.

홀로 살아가는 사람도 사실 사랑을 하며 삽니다. 나를 사랑하는 것이겠죠. 삶을 말이에요. 아니면 지나온 과거의 사람을 사랑할 수도 있습니다. 누구나 사랑을 해봤습니다. 사랑 없이는 이 세상을 살아갈 수 없습니다.

가족이나 연인을 사랑하는 것은 누구나 할 수 있는 당연한 일이지만 아무 연이 없는 남을 사랑하는 일은 어떨까요? 여기서 말하는 사랑은 단순한 연정이 아닙니다. 그 사람의 존재를 인정하고, 그 사람이 살아온 삶을 그대로 바라봐줄 수 있는 마음입니다. 인정을 넘어선 감정과 느낌을 사랑이라고 표현합니다.

자기 자신만을 생각하며 사는 개인적인 마음을 잠시 거두고, 누구나 할 수 없는 일을 해보겠다는 도전 정신을 가져보면 어떨까요? 당연한 것을 사랑하는 것이 아니라, 남들이 사랑하지 않는 것들을 나는 사랑해보겠다는 결심입니다. 나 혼자만 잘 먹고 잘 사는 것이 아니라, 더불어 다 같이 잘 살았으면 하는 마음으로요. 보다 넓고 크게, 더 많은 것을 사랑하며 살아보면 어떨까요?

• 사랑하며 살자.
• 당연한 것을 사랑하는 것이 아닌 더 큰 사랑을 해보자.
• 큰 마음과 큰 사랑을 가지고 살아보자.

살면서 한 번은
전부를 걸어보자

무언가를 열렬히 원한다면
그것을 얻기 위해
전부를 걸겠다는 배짱을 가져라.

_ 브렌던 비언

크게 실패할 용기 있는 자만이
크게 이룰 수 있습니다.

_ 존 F. 케네디

운명보다 강한 것이 있다면 그것은 동요하지 않고
운명을 짊어질 수 있는 용기다.

_ 가이벨

어느 누구도 과거로 돌아가 새로 시작할 수는 없다.
하지만 누구나 지금부터 시작해서
새로운 인생을 만들 수 있다.

_ 칼릴 지브란

영웅이란 보통 사람보다 더 용감한 것이 아니라
보통 사람보다 5분 더 길게 용감할 뿐이다.

_ 랄프 왈도 에머슨

용기란 죽을 만큼 두려워도
일단 한번 해보는 것이다.

_ 존 웨인

배짱은 내 배를 째어서라도 달려드는 용기를 말합니다. 그래서 배짱이라는 말이 만들어졌다고도 하네요. 그만큼 자신의 소신을 굽히지 않고 배를 가를 용기로 버텨낸다는 의미입니다.

　늘 배짱만 부리면 꼰대 취급을 받거나 거만하고 오만한 인상을 주어 주변 사람들이 피합니다. 그래서 배짱이 좋지 않은 의미로도 쓰이지만 간혹 사는 데는 배짱이 필요하기도 합니다. 잘 감추고 있다가 결정적인 순간에는 써먹으세요. 살면서 한 번 정도는 이렇게 살았으면 좋겠습니다.

야구 경기에서 타자들은 공이 몸쪽으로 날아오면 흠칫 놀랍니다. 공을 맞으면 엄청나게 아프기도 하고 심하면 부상을 당해서 선수생활을 못할 수도 있습니다. 그 자리에 서려면 그 공포를 이겨낼 배짱이 필요합니다. 그래서 감독들은 선수들에게 배짱을 강조한다고 합니다.

우리의 삶도 마찬가지입니다. 살면서 한 번쯤은 날아오는 공을 마주해야 합니다. 두 다리로 딱 버티고 서서 내게로 날아오는 공을 끝까지 바라보다가 멋지게 홈런을 쳐내야 하는 순간이 옵니다. 두려움이 없는 사람은 없습니다. 그것을 이겨내는 사람이 있는 것입니다.

글쓰기 전문가 로버타 진 브라이언트는 글을 잘 쓰는 비법에 대해 이렇게 말합니다.

"종이와 연필 그리고 약간의 배짱만 있으면 된다. 그리고 계속 써라. 쓰고 쓰고 또 써라."

누가 읽어줄까, 내가 뭐라고 글을 쓴단 말인가, 라는 소심함을 물리치고 배짱을 가지고 계속 쓰면 됩니다. 어떤 일을 제대로 해내고 싶다면 약간의 배짱을 가지고 계속 반복하면 됩니다.

- 배짱과 반복이 뭔가를 만들어낸다.
- 배짱은 지키고 버텨내는 것이다.

주어진
하루에 집중하자

사람이 인생에서 가장 후회하는 어리석은 행동은
기회가 있을 때 저지르지 않은 행동이다.

_ 헬렌 롤랜드

절대 어제를 후회하지 마라.
인생은 오늘의 나 안에 있고,
내일은 스스로 만드는 것이다.

_ 론 허버드

나이가 들수록 해보지 않았던 것에 대해서만
후회한다는 것을 발견하게 될 것이다.

_ 재커리 스콧

절대 후회하지 마라.
좋은 일이라면 그것은 멋진 것이다.
나쁜 일이라면 그것은 경험이 된다.

_ 빅토리아 홀트

이미 끝난 일을 말하여 무엇하며
이미 지나간 일을 비난하여 무엇하리.

_공자

과거를 후회하지 말라.
후회가 무슨 소용이 있겠는가?
거짓은 당신에게 후회하라고 말한다.
진실은 당신에게 사랑으로 채워야 한다고 말한다.
슬픈 기억들은 모두 멀리 밀어버려라.
지나간 일은 이야기하지 말라.
사랑의 빛 속에서 살아라.
그러면 모든 것이 당신에게로 올 것이다.
용기란 죽을 만큼 두려워도
일단 한번 해보는 것이다.

_톨스토이

후회에는 두 종류가 있습니다. 하지 않은 일에 대한 후회와 이미 한 일에 대한 후회입니다. 어떤 것이 더 후회될까요? 하지 않은 일에 대한 후회가 더 큽니다. 앞서간 사람들이 말하기를, 살면서 시도를 주저한 일, 하지 못한 일이 있다는 것이 내내 후회된다고 합니다.

이미 한 일에 대한 후회를 해봤자 아무 득이 되지 않습니다. 그저 시간 낭비, 감정 낭비만 될 뿐이죠. 그보다는 앞으로 어떻게 할지에 초점을 맞추는 것이 더 현명한 일입니다. 과거의 일은 바꿀 수 없지만, 미래의 일은 바꿀 수 있기 때문입니다.

베트남의 수도승 틱낫한은 죽을 때 어떠한 후회도 하지 않으려면 "주어진 삶을 낭비하지 않아야 된다"고 이야기했습니다. 주어진 하루를 그냥 보내지 말고 최선을 다해서 사는 것이 후회 없이 사는 최고의 방법인 것입니다.

일을 열심히 하는 것, 가족끼리 사랑을 주고받는 것 그리고 나의 의지로 배우는 것 이렇게 3가지가 하루를 충실하게 살아가는 방법입니다.

일을 열심히 하는 것, 가족끼리 사랑을 주고받는 것은 기본적인 것이고 나의 의지로 배우는 것이 중요합니다. 빈 시간을 그냥 흘려보내지 말고, 배움으로 가득 채우면 공허함과 후회를 방지할 수 있습니다. 삶의 활력을 얻고 충만하게 살아갈 수 있습니다.

- 앞으로는 하지 못한 일에 대한 후회를 남기지 말자.
- 주어진 삶을 낭비하지 말자.
- 열심히 일하고, 가족을 사랑하고, 더 많이 배우자.

나와 내 삶을
빛나게 해주는 태도

당신이 좋아하는 것을 하라.
누가 뭐라 하든 듣는 척만 하고 무시하라.
좋아하는 것을 하려고 이 일을 하는 게 아닌가.

_봉준호

당신이 할 수 있다고 생각하든
할 수 없다고 생각하든
당신이 옳다.

_헨리 포드

당신으로 사세요. 당신답게 사세요.
당신이 유명하든 아니든 무엇이든 간에
당신이 될 수 있는 최고의 모습은
바로 당신다운 모습입니다.

_드웨인 존슨

당신 그대로의 모습으로 미움받는 것이
당신답지 못한 모습으로 사랑받는 것보다 낫다.

_ 앙드레 지드

당신의 삶은 당신의 이야기이다.
당신 앞에 놓인 모험은
당신의 목적과 잠재력을 달성하기 위한 여정이다.

_ 케리 워싱턴

천상천하유아독존(天上天下唯我獨尊)이란 말이 있습니다. 세상천지를 살펴봐도 나와 똑같은 사람은 없습니다. 70억 인구 중에서 비슷한 사람은 있을지라도 나는 오로지 나뿐입니다. 유일한 사람입니다.

그런데 왜 우리는 이리저리 몰리면서 남을 따라 살게 되는 걸까요? 다른 사람의 꿈을 내 꿈인 양 착각하며 살고, 남이 좋아하는 것이 내가 좋아하는 것인 양 나를 놓치고 살고 있습니다. 내 삶은 내가 살아가는 것입니다. 남이 대신 살아줄 수 없습니다. 여행이라고 생각해보면 됩니다. 여행을 갈 때 다른 사람의 여행기를 참고할 수는 있지만 결국 내가 하나하나 대면하고 체험해야 하는 것처럼 인생도 마찬가지입니다.

모두가 대기업에 취직해야 좋다. 의사, 변호사가 되는 게 좋다고 하죠. 그게 정답이라고 말합니다. 아직 가치관이 확립되지 않았을 때는 그게 맞는 것 같지만 나이가 들수록 그게 아니라는 걸 깨닫게 됩니다.

나답게 산다는 것은 내가 하고 싶은 대로 사는 겁니다. 물론 남에게 피해를 주어서는 안 됩니다. 도덕적, 합법적인 테두리 안에서 내가 하고 싶은 대로 사는 게 나답게 사는 삶의 시작입니다. 안타깝게도 이른 나이에 깨달을 수가 없어요. 부모님 말씀을 잘 듣는 착실한 사람이면 더더욱 힘듭니다.

어느 정도 나이가 들어가면서 나를 알게 됩니다. 그런데 그때 가서는 나이가 들어서, 라는 핑계가 앞섭니다. 그 핑계를 이겨내야 합니다. 그때부터 시작하는 거예요.

- 나는 유일한 존재다.
- 남들 따라 살지 말자.
- 나를 알게 되는 시점부터 진정한 나로서 사는 것이다.

7장

인생을
더 가치 있게 만들어주는 말

자책을 반등의 기회로
삼자

🍀

자기 인정은 당신이 지고 있는 압박을 모두 걷어내고
세상이 당신을 사랑하게 만들어줄 것이다.

_ 스테판 B. 폴터

때로는 지나치게 자신에게 비판적이어서,
무기력해지고 적극성이 부족한 사람이 있다.
무의미한 자책은 그만두고,
대담한 배짱을 지니고 용감하게,
어떤 것이든 눈앞의 과제에 몸을 던져 최선을 다해야 한다.

_ 이케다 다이사쿠

당신의 약점을 직면하고 인정하라.
하지만 그것이 당신을 지배하게 하지 마라.

_ 헬렌 켈러

절망에서 벗어나는 방법
1. 사랑하는 사람과 이야기를 많이 하라
2. 자책하지 말라
3. 현재에 집중하라
4. SNS에서 잠시 벗어나라
5. 주변에 도움을 요청하라

_ 라키 찬드

당신이 즐겨 낭비한 시간은 낭비한 게 아니다.

_ 존 레논

지금까지 인생을 잘못 살았다고 후회가 찾아오는 순간이 있습니다. 양심을 저버리거나 법을 어기거나 남에게 피해를 줬을 수도 있습니다. 자책감이 든다는 건 반성을 하고 있다는 뜻이고, 반성을 한다는 건 앞으로는 잘 살고 싶다는 반증이기도 합니다.

어찌 보면 자책한다는 건 발전적인 것이라 할 수 있습니다. 다만 자책을 발전의 계기로 삼지 못하고 계속 빠져 지

내게 될 수 있습니다. 자책은 할 수 있으나 그것을 계기로 미래로 향해야 합니다.

개과천선(改過遷善)이란 말이 그래서 나온 것입니다. 지난날의 잘못을 개선하여 올바르게 살겠다는 뜻입니다. 처음부터 완벽에 가깝게 산 사람은 없습니다. 중요한 것은 과거의 잘못을 뉘우치고 바람직한 미래를 향해 현재를 잘 살 수 있느냐 하는 것입니다.

지금까지 나쁜 마음을 먹고 살아왔던 사람도 변화하려는 의지를 갖고 노력한다면 틀림없이 다른 미래를 맞이할 수 있습니다.

• 자책은 반성한다는 것이다.
• 반성은 개전(改悛)하려는 의지다.
• 바람직한 미래를 향해 오늘을 바르게 살자.

실수하지 않았다면
시도한 적이 없는 것이다

인생에는 두 가지 실수가 있다.
첫째는 아예 시작도 하지 않는 것이고,
둘째는 끝까지 하지 않는 것이다.

_ 파울로 코엘료

실수를 안 해본 사람은 실수했을 때
이를 발견하고 신속히 수정하는 방법을 모른다.

_ 피터 드러커

한 번도 실수를 해보지 않은 사람은
한 번도 새로운 것을 시도한 적이 없는 사람이다.

_ 알버트 아인슈타인

뭔가 배울 수 있는 실수들은
가능하면 일찍 저질러 보는 것이 이득이다.

_ 윈스턴 처칠

실수는 인간적인 것이다.
어느 것도 시도하지 않기 때문에 실수하지 않는 사람도 있다.
_ 괴테

실수는 과정입니다. 자전거를 잘 타려면 수백 번 넘어져야 합니다. 젓가락질을 잘하려고 해도 실수를 많이 해야 하죠. 걸음마를 배울 때도 그렇습니다. 이렇듯 실수는 실패와는 다른 단어예요. 실수 없이는 잘할 수 없습니다.

실수를 두려워하거나 꺼릴 필요가 없는 것입니다. 대단한 실수, 인생이 무너질 정도의 실수는 거의 없습니다. 그러니 마음 편히 가지고 실수를 연발하세요. 실수할수록 실력이 향상되고 나아지는 거니까요.

실수는 유익한 것입니다. 실수가 없으면 발전이 없으니까요. 에디슨이 전구를 발명할 때도 수많은 실수를 통해서 성공할 수 있었습니다. 그는 실수를 실패라고 하지 않았어요. 전구가 켜지는 법을 알아내는 과정이었다고 말했습니다.

실수를 장려해야 합니다. 실수를 한다는 건 무언가에 도전하는 것이니 말이죠. 도전이 있어야 발전이 있는데, 실수가 무서워 도전을 하지 않는다면 발전도 없습니다. 실수하고 또 실수하세요. 실수의 다른 말은 발전이니까요.

- 실수는 과정이다.
- 실수는 도전이다.
- 실수는 발전이다.

여행하듯 살아가는
마음가짐

세계는 한 권의 책이다.
여행하지 않는 사람은 그 책의 한 페이지만 읽는 것과 같다.

_ 아우구스티누스

우리는 목적지에 닿아야 행복해지는 것이 아니라
여행하는 과정에서 행복을 느낀다.

_ 앤드류 매튜스

단지 도착만을 하기 위한 여행이라면
그 여행은 불쌍한 여행이다.

_ 아서 콜턴

여행은 정신을 다시 젊게 만든다.

_ 안데르센

여행이란 우리가 사는 장소를 바꾸어주는 것이 아니라
우리 생각과 편견을 바꾸어주는 것이다.

_ 아나톨 프랑스

여행은 모든 세대를 통틀어 가장 잘 알려진
예방약이자 치료제이며 동시에 회복제이다.
_대니얼 드레이크

여행은 여행 자체를 즐기는 것이지, 종착지가 목적이 되지
는 않습니다. 그런데 우리는 가끔 그 사실을 망각하며 살아
가기도 합니다.

인생도 여행과 마찬가지로 설렘과 기쁨으로 채울 수 있
습니다. 매일 여행을 한다고 생각해보세요. 지긋지긋한 인
생을 사는 것이 아니라 홀가분한 마음으로 여행을 한다고
바꿔 생각해보는 겁니다.

대단해 보이던 문제점이 해결 가능한 작은 것이 되고, 무
거운 짐을 지고 가는 듯 고단했던 삶이 달라질 수 있습니
다. 원효대사가 해골물을 아주 맛있게 마셨듯이 마음먹기
에 따라 같은 현상도 다른 것이니까요. 삶이 고단하고 지쳤
으면 여행을 떠나보세요. 돈과 시간이라는 핑계는 접어두

고 약간의 용기만 있으면 됩니다. 다른 건 모두 내려놓고
일단 시작해보는 것입니다.

- 삶은 여행이다.
- 모든 것은 마음에 달렸다.
- 약간의 용기를 가지고 시작해보자.

무기력을 이기는
한 걸음

하루를 축복 속에 보내고 싶다면 아침에 일어나 걸어라.

_헨리 데이비드 소로

인간은 걸을 수 있을 만큼 존재한다.

_장 폴 사르트르

걸어서 행복해져라. 걸어서 건강해져라.

_찰스 디킨스

좋은 약을 먹는 것보다는 좋은 음식이 낫고
음식을 먹는 것보다는 걷기가 더 낫다.

_허준

최고의 약은 걷는 것이다.

_히포크라테스

무기력에 빠졌을 때 지치고 힘들 때 우리는 누워 있게 됩니다. 아무것도 하기 싫을 때가 있습니다. 심란하고, 복잡할 때 더 그렇습니다. 생기가 떨어지고 푸석해지며 메말라 갑니다. 이럴 때 아주 작은 움직임이 필요합니다.

전신에 힘이 빠져서 도저히 움직일 힘조차 없을 때 우리는 어떻게 해야 할까요? 그대로 계속 누워 있어야 할까요? 일어나고 싶어도 몸이 말을 듣지 않으면 어쩌죠? 정말 몸에 힘이 없는 것이 아니라 정신적으로 너무도 지쳐 있기 때문에 몸도 말을 듣지 않게 되는 겁니다.

그래도 조금이라도 희망을 보고 싶다면 일단 자리에서 일어나 물을 한 잔 마십니다. 수분을 보충한 후 신발을 신고 일단 밖으로 나갑니다. 물론 걸을 힘이 하나도 없죠. 걸을 수 있을 만큼만 걸어봅니다. 힘들면 다시 집으로 들어옵니다. 그리고 다음 날 다시 똑같이 반복해봅니다. 아마 어제보다는 조금 더 걸을 수 있을 거예요. 그렇게 며칠을 계속해봅니다. 어느 날 전에는 엄두도 내지 못했던 곳까지 걸어온 나를 발견할 수 있을 거예요.

걸음에는 힘이 있습니다. 수많은 철학자가 걸으면서 깊은 사유를 하고, 건강을 지켰습니다. 우리가 가장 손쉽게 운동할 수 있는 방법도 걷는 것입니다. 우유를 마시는 사람보다 우유를 배달하는 사람이 더 건강하다는 말이 있듯이, 걸을 수 있다면 우리는 건강을 얻게 될 거예요. 걸으면서 뇌에도 자극을 주어 멘탈도 튼튼해지고, 몸도 탄탄해질 수 있습니다. 일단 몇 발짝이라도 걸어보는 거예요.

- 지쳤을 땐 가볍게 산책을 하자.
- 산책은 생기를 불어넣어 준다.
- 몸도 건강도 걷기로 회복할 수 있다.

생각의 중심은
나에게 있다

🍀

우리의 삶은 바꿀 수 있다.
우리가 바라는 것을
할 수 있고, 가질 수 있고, 될 수 있다.

_ 앤서니 로빈스

사람들이 당신에게 무슨 말을 하든
당신의 말과 생각은 세상을 바꿀 수 있다.

_ 로빈 윌리엄스

상처를 받을 것인지 말 것인지 내가 결정한다.
상처를 키울 것인지 말 것인지도 내가 결정한다.
그 사람의 행동은 어쩔 수 없지만 반응은 언제나 내 몫이다.

_ 김구

나의 허락 없이는
그 어떤 고통도 나를 힘들게 하지 못할 것이다.

_ 빅터 프랭클

생각이 우리를 만든다.

_데일 카네기

좋은 일도, 나쁜 일도
모두 당신 생각이
그렇게 만든 것이다.

_윌리엄 셰익스피어

내 생각을 남이 훔쳐볼 수 없습니다. 내 머릿속에서 일어나
고 있는 일을 모릅니다. 내가 좋은 생각을 하는지, 나쁜 생
각을 하는지 생각은 들킬 일이 없습니다. 그러니 훔쳐가지
도 못합니다. 온전히 오로지 오직 나만이 보고 가질 수 있
습니다.

우리는 생각하는 존재입니다. 인류는 생각이란 것을 했
기에 영장이 될 수 있었습니다. 그리고 내 머릿속 생각이라
는 것은 그 누구의 간섭도 받지 않고 온전히 나만이 할 수
있습니다. '저 지금부터 생각하겠습니다. 저는 이런 생각을

해도 되겠습니까?'라고 허락을 받지 않아도 됩니다. 완전한 자유는 머릿속에 있습니다.

우리는 이런 존재일진대 왜 남의 말에 휘청거리고 흔들려야 할까요? 남의 말은 내가 컨트롤할 수 없지만, 나의 생각은 내가 제어할 수 있습니다. 삶의 무기입니다. 따라서 남의 말을 그냥 흘려들을 수 있고, 반대의 의견을 낼 수도 있습니다. 이 얼마나 큰 자유입니까. 그 어떤 존재도 나를 터치할 수 없습니다.

우리에게 주어진 이 무기를 소홀히 다루지 말아주세요. 나만이 쓸 수 있는 소중한 것입니다. 방치하지 말아주세요. 요긴하게 잘 사용하세요. 누구에게나 주어진 이 쓸모를 나에게 쓸모 있게 사용하는 겁니다.

- 우리는 생각하는 존재다.
- 내 생각은 유일하게 나만이 컨트롤할 수 있다.
- 생각을 무기로 삼자.

음악에서
얻을 수 있는 것

음악은 어떤 지혜나 철학보다도
더 높은 계시를 준다.
_ 베토벤

음악과 사랑은 정신의 날개다.
_ 엑토즈 베를리오즈

음악은 상처 난 마음에 대한 약이다.
_ 알프레드 윌리엄 헌트

음악은 야만인의 가슴을 어루만져 주는 힘이 있다.
_ 윌리엄 콩그리브

간단히 말해서
음악이 없는 삶은 잘못된 삶이며,
피곤한 삶이며,
유배당한 삶이기도 하다.
_ 니체

독서를 하거나 글을 쓰는 것도 마음을 진정시키는 데 도움을 주지만, 특히 음악을 듣거나 노래를 부르면 머릿속이 환기되고 마음이 깨끗해집니다.

노동요가 생긴 이유도 음악이 지닌 힘 때문입니다. 노래를 듣고 따라 부르면서 일하면 힘을 얻을 수 있습니다.

음악은 용기를 북돋고, 우울과 번뇌를 해소시켜 줍니다. 음악을 즐기는 사람들이 오래 산다는 연구도 있습니다.

의사 박경철은 스트레스가 쌓이면 클래식 음악을 듣는다고 했습니다. 모차르트의 〈레퀴엠〉을 듣는 것만으로 감정을 정화시키고 고양시킬 수 있다고 합니다. 지치고 힘들 때 좋아하는 음악을 듣거나 따라 불러보세요. 마음이 시원해질 수 있습니다.

- 음악에는 무궁무진한 힘이 있다.
- 나에게 힘을 주는 음악 하나는 갖고 인생을 살아가자.

주체적으로 살고 싶다면
나를 깊이 공부하자

정신적인 이해를 먼저 하지 않으면 안 됩니다.
그게 반드시 종교적인 것일 필요는 없지만
당신 영혼 깊은 곳에서부터
당신 스스로를 통제할 수 있다는 사실을 이해하는 것이
중요합니다.

_ 오프라 윈프리

여러분에게 주어진 시간은 유한합니다.
그러니 남의 인생을 사느라 그 시간을 낭비하지 마십시오.

_ 스티브 잡스

나는 누구인가? 스스로 물으라.
자신의 속 얼굴이 드러나 보일 때까지
묻고, 묻고, 묻고, 또 물어야 한다.

_ 법정

가끔은 칠흑같은 어두운 방에서 자신을 바라보라.

마음의 눈으로,

마음의 가슴으로

주인공이 되어

'나는 누구인가, 어디서 왔나, 어디로 가나.'

조급함이 사라지고

삶에 대한 여유로움이 생기나니.

_김수환

나는 생각한다,

고로 나는 존재한다.

_데카르트

삶이란 무엇인지, 왜 살아야 되는지, 어떻게 살아야 되는
지에 대한 답을 찾기 위해서는 우선해야 할 질문이 있습니
다. '나는 누구인가?'입니다. 내가 누구인지 확실히 알아야
다음 단계로 나아갈 수 있습니다.

　나에 대해 알면, 꿈을 찾는 단계로 진입합니다. 꿈을 만

들어가고, 꿈을 이루게 되며, 나중에는 꿈 너머 꿈을 찾고 이루어갑니다. 세상에 훌륭한 사람들은 모두 이 과정을 거쳤습니다.

내가 누구인지 알면 주체적인 삶을 살 수 있습니다. 누구인지 모르고 산다는 건 인생을 그저 흘러가는 대로 사는 것과 같습니다. 내가 누구인지 모르니 목적도, 목표도, 방향도 없는 것이지요. 물에 둥둥 떠다니며 어디로 흘러갈지 모른 채로 살게 됩니다.

인생의 의미를 찾고자 한다면, 나를 연구해야 합니다. 무엇을 좋아하는지, 싫어하는지, 원하는 것은 무엇인지. 도대체 나란 인간은 무엇인지 답을 알 때까지 나를 깊이 공부해보세요. 내가 추구하는 핵심 가치가 무엇인지 반드시 알아보세요.

- 일단 내가 누구인지 알아보자.
- 나를 알면 꿈을 찾을 수 있다.
- 나에게 중요한 가치를 찾아보자.

나는 어떤 사람으로
기억되길 원하는가

가장 훌륭한 질문은 이것이다.
'내가 이 세상에 살면서 가장 잘할 수 있는 것은 무엇인가?'

_ 벤저민 프랭클린

당신이 좋아하는 일을 알려면,
당신이 좋아해야 한다고
세상이 말해주는 것을 받아들이지 말고
당신의 영혼이 늘 깨어 있는 상태로
그것을 찾아야 한다.

_ 로버트 루이스 스티븐슨

첫째, 그 꿈에 대해서 일주일에 적어도
세 번 이상 말하고 있는가?
둘째, 내가 말한 꿈에 선투자하고 있는가?

_ 김미경

무엇이 나에게 의미를 주는가?
무엇이 나에게 즐거움을 주는가?
나에게 어떤 장점이 있는가?
이 질문들에 답해보라.
중첩되는 것들로 자신을 바로 아는 것이다.

_ 탈 벤-샤하르

인간으로 세상에 태어나서
누구나 자기가 바라는 목적이 있다.
이 목적을 달성한다면 그보다 더한 행복은 없을 것이다.
그 목적을 달성하기 위해 그 자리에서 죽는다 하더라도
이 또한 행복 아닌가.

_ 이회영

꿈을 지녀라.
그러면 어려운 현실을 이길 수 있다.

_ 라이너 마리아 릴케

내가 누구인지 알면 자연스럽게 꿈이 생깁니다. 그간 잊고 있었던 꿈일 수도 있고, 새로운 꿈이 생길 수도 있습니다. 꿈을 꾸는 데는 나이도, 성별도, 국적도 상관이 없습니다. 꿈을 꾸고자 하는 의지만 있으면 됩니다.

꿈은 인생에 활력을 불어넣어 줍니다. 지루하던 영화가 재빠르게 진행되면서 재미를 주듯 인생도 달라집니다. 내 인생에 있어서 선물과도 같은 것이지요. 꿈이 없어도 사는 데 아무런 지장이 없지만 꿈이 생기면 좀 더 다채로워집니다.

경험이 많으면 꿈은 저절로 생깁니다. 모든 경험을 해볼 수 없다면 차선으로 독서를 권합니다. 책을 많이 읽으면 여러 가지를 생각하는 과정에서 꿈이 저절로 생겨납니다. 독서가 버거우면 영화도 좋습니다. 우연히 만난 영화에서 자신의 꿈을 발견할 수도 있습니다.

여행도 좋습니다. 여행에서 보고, 느끼고, 만나고, 대화했던 사람과 풍경 안에 꿈이 숨어 있을 수도 있습니다. 진짜 자신의 꿈을 만나는 순간 온몸에 구만 칠천 팔백 볼트의 전류가 흐르는 것을 경험할 수 있습니다. '나는 어떤 사람으로 기억되길 원하는가?'의 답을 찾다 보면 꿈을 만날 수 있습니다.

- 꿈이 생기면 인생에 활력이 생긴다.
- 경험, 독서, 여행, 영화가 꿈의 매개가 될 수 있다.
- '나는 어떤 사람으로 기억되길 원하는가?'를 생각해 보자.

슬럼프는
노력의 증표

나는 실패하면 다시 시도하고,
또 시도하고, 또다시 시도한다.

_ 닉 부이치치

어려울 때
가장 많이 성장한다는 것을 기억하라.

_ 조지 워싱턴

한차례의 패배를
최후의 패배로 혼동하지 말라.

_ F. 스콧 피츠제럴드

궁지에 몰렸을 때, 단 1분도 더 버틸 수 없을 정도로
모든 것이 나에게 불리할 때, 절대 포기하지 마라.
바로 그때, 그 지점에서 상황은 바뀌기 시작하니까.

_ 해리엇 비처 스토

끈기 있는 사람은
다른 사람들이 실패로 끝나는 지점에서
성공을 시작한다.

_ 에드워드 에글스턴

꿈을 이루기 위한 노력을 계속하다 보면 지칠 때가 있습니다. 분명 금방 이루어지는 꿈은 드뭅니다. 인고의 시간이 필요합니다. 그 시간을 견디는 중에 슬럼프가 찾아오곤 합니다.

꿈이 이루어질 기미가 보이지 않는다고 자책할 필요는 없습니다. 꿈을 이뤄가는 그 과정 자체를 즐기면 됩니다. 꿈을 향한 여정이 더 중요합니다. 그 자체에 재미를 느끼다 보면 꿈은 이루어집니다.

슬럼프가 찾아오면 잘하고 있는 겁니다. 그만큼 노력을 계속해왔다는 반증이거든요. 노력하지 않는 사람에게는 결코 슬럼프가 찾아오지 않습니다. 꿈을 향한 여정 중에 찾아오는 슬럼프는 오히려 반겨야 할 노력의 증표입니다.

슬럼프가 찾아오면 잠시 숨을 고르면서 휴식을 취하세요. 잠시 쉬어가라는 몸의 신호이거든요. 충분히 쉬고 다시 걸어가면 됩니다. 그렇게 몇 번의 슬럼프를 겪고 꾸준히 길을 가다 보면 어느새 꿈은 이루어질 겁니다.

- 슬럼프는 노력의 증표다.
- 꿈을 이뤄가는 과정 자체를 즐기자.
- 잠시 쉬어가는 것도 방법이다.

오직 나로부터
시작하는 꿈

누구나 자신의 꿈을
이룰 수 있다고 믿는다.
나는 이런 신념을 갖고
항상 이런 태도로 살아왔다.

_ 카일 메이나드

꿈은 이루어진다.
이루어질 가능성이 없었다면
애초에 자연이 우리를 꿈꾸게
하지도 않았을 것이다.

_ 존 업다이크

많은 것을 이루는 자들은
많은 꿈을 꾸는 자들이다.

_ 스티븐 리콕

원하는 사람이 되기 위한 첫걸음은
꿈과 목표를 종이에 기록하는 것.

_마크 빅터 한센

되고 싶은 사람처럼 걷고, 말하고, 행동하라.
그 사람처럼 될 가능성이 높아질 것이다.

_오리슨 스웨트 마든

꿈이 없이 사는 삶도 괜찮습니다. 누구나 다 꿈을 갖고 사
는 건 아니니까요. 그것이 인생의 정답도 아닙니다. 꿈이
인생의 전부는 아닙니다. 그저 자신의 위치에서 최선을 다
하는 것이 참된 인생입니다. 다만 꿈은 인생에 있어서 조미
료 같은 것입니다. 조미료를 치면 음식이 맛깔나듯이, 인생
에 꿈이라는 조미료를 치면 맛이 풍부해집니다. 심심한 인
생에 조미료를 쳐서 좀 더 재미있게 살아보는 것도 괜찮은
방법 아닐까요?

꿈을 이룬 사람은 적은 수에 불과하다고 그게 겁나서 꿈

을 지레 포기해서도 안 됩니다. 사람은 꿈을 이루는 그 과정 자체에서 돈 주고 살 수 없는 진귀한 것들을 얻습니다. 과정에서 행복하면 됩니다. 그러면 설사 꿈을 이루지 못했다고 하더라도 실패한 건 아닙니다.

사람마다 꿈이 모두 다릅니다. 그래서 꿈을 비교할 수는 없습니다. 시인을 꿈꾸는 사람과 화가를 꿈꾸는 사람을 어떻게 비교할 수 있을까요? 부자를 꿈꾸는 사람과 석학을 꿈꾸는 사람도 비교할 수 없습니다. 나에게 잘 맞는 꿈을 찾아서 그 꿈을 향해 뚜벅뚜벅 걸어가보는 겁니다.

- 꿈은 인생을 더 맛깔나게 살아가게 하는 조미료다.
- 꿈을 이루는 과정에서 진귀한 것들을 얻어보자.
- 오직 나로부터 시작하는 꿈을 꾸자.

바로 지금
시작하면 된다

오랫동안 꿈을 그리는 사람은 마침내 그 꿈을 닮아간다.

_앙드레 말로

또 다른 목표를 세우거나 새로운 꿈을 꾸기에
너무 늦은 나이란 없다.

_레스 브라운

나이는 문제되지 않는다.
당신의 꿈에 집중하라.
그 어떤 것도 당신의 정신을 흔들도록 놔두지 말라.

_하비 토먼

마흔이라는 나이가 신의 은총이라는 사실을 아는 사람만이
반드시 인생의 챔피언이 될 수 있다.
그 모든 사람이 불가능하다고 만류했던 45세 나이에
복싱 헤비급 세계 챔피언이 다시 되었다.

_조지 포먼

늙고 젊은 것은
그 사람의 신념이 그러한가, 아니한가에 달려 있다.

_ 더글러스 맥아더

나는 마흔다섯이 되어서야
컨트리 뮤직 가수로 빛을 보기 시작했다.

_ 케이티 오슬린

설마 나이를 걱정하며, 상황을 걱정하며, 현실을 걱정하며 꿈꾸기를 포기하고 있는 것은 아닌가요? 절대 늦은 건 없습니다. 바로 지금부터 시작하면 되거든요. 뉴턴이 내일 지구가 망해도 사과나무를 심겠다고 말했듯이 꿈의 나무를 심어보세요.

꼭 꿈을 이루기 위해 꿈을 꾼다고 생각하지는 말아주세요. 꿈은 그 자체만으로도 행복을 가져다줍니다. 꿈을 향한 발걸음에 가슴이 콩닥콩닥 뛰어야 제대로 된 꿈입니다. 그런 꿈을 찾아 가꾸어 나가보세요.

늦은 나이에도 꿈을 찾아간 인생 선배들이 많습니다.

35세에 메이저리그에 데뷔한 짐 모리스

40세에 소설가로 데뷔한 박완서

44세에 월마트 1호점을 오픈한 샘 월튼

46세에 가수가 된 장사익

48세에 질레트를 창업한 킹 C. 질레트

52세에 맥도날드를 창업한 레이 크록

61세에 화가가 된 파리의 우체부 루이 비뱅

62세에 동화작가가 된 윌리엄 스타이그

63세에 프랑스어 사전을 편찬한 에밀 리트레

65세에 KFC를 창업한 커널 샌더스

78세에 그림을 시작한 그랜마 모제스

80세에 그리스어를 공부한 마르쿠스 카토

90세에 미국을 횡단한 도리스 해덕

91세에 후지산 정상에 오른 훌다 크룩스

92세에 마라톤을 완주한 파우자 싱

이제 우리 차례입니다. 우리도 할 수 있으니까요.

내 삶에 힘이 되는
인생 명언 365

초판 발행   2022년 6월 20일

지은이   김우태
펴낸곳   다른상상
등록번호   제399-2018-000014호
전화   02)3661-5964
팩스   02)6008-5964
전자우편   darunsangsang@naver.com

ISBN   979-11-90312-12-7 (03190)

잘못된 책은 바꿔 드립니다.
책값은 뒤표지에 있습니다.

독자 여러분의 책에 관한 아이디어나 원고 투고를 설레는 마음으로 기다리고 있습니다.
이메일로 간단한 개요와 취지, 연락처를 보내주세요. 독자님과 함께하겠습니다.